마흔이면 불혹인 줄 알았어

마흔이면

불혹인 줄 알았어

마스노 슌묘 지음

이해란 옮김

40

국일미디어

머리말 | 왜 마음을 빼앗기는가?

'복잡한 생각으로 괴로워하거나 이리저리 휘둘리지 않고 나답게 살고 싶다.'

마음이 번잡할수록 이런 소망을 품는 사람이 늘고 있습니다. 심플하게 생각하고 마음을 편하게 하고자 하는 것입니다.

마음뿐만 아니라 집안도 심플하게 하고자 하는 사람이 많아졌습니다. 집안에 물건을 쌓아두거나 불필요한 물건을 사지 않고, 꼭 필요한 최소한의 물건만으로 생활하려는 사람이 늘고 있습니다. 집안을 정리하는 방법이며 불필요한 물건을 버리는 방법에 관한 서적도 많이 출판되었습니다.

저는 이러한 모습을 보면서 '아~, 옛날로 돌아가려는구나'라고 생각했습니다.

그렇다면 그들은 왜, 예전의 모습으로 돌아가려는 것일까요? 가전제품이나 생활도구가 없으면 불편할 텐데 말입니다. 그것은 생활은 불편해도 복잡하지 않은 빈 공간, 심플한 공간이야말로 사람의 마음을 편안하게 하기 때문일 것입니다.

물건의 유무와 나의 마음가짐은 서로 별개라고 여기는 사람도 있을 것입니다. 하지만 실상은 그렇지 않습니다. 사람의 눈과 마음은 눈앞에 있는 물건에 현혹되는 까닭입니다. 물건이 많을수록 마음은 크게 흔들리고 집중할 수 없습니다.

마음을 뒤흔드는 것은 물건뿐만이 아닙니다. 우리가 날마다 품고 지내는 희로애락의 감정 또한 마찬가지입니다. 그날그날 일어나는 사건에 일희일비하고, 동요하여 마음이 흐트러지는 경우가 적지 않습니다. 마음속에 무수한 감정이 한 데 뒤엉켜 있으니까요. 그렇지만 생각이 심플해지면 자기 힘으로 감당하기 어려운 감정에 지배되지 않을 수 있습니다. 복잡한 감정에 휘둘리지 않을 수 있습니다.

'심플하다'라는 말의 의미를 좀더 깊이 생각해 보겠습니다. 인간은 이 세상에 태어나고 결국 죽습니다. 심플하게 생각하면 인간이란 그런 존재입니다.

탄생과 죽음이라는 두 개의 진리는 우리 의사와 무관합니다. 인간의 힘으로는 어찌할 도리가 없어요. 지금이라는 시대에, 이 장소에 내가 태어났을 따름이지 내가 선택한 것이 아닙니다. 태어나는 시대, 나라, 환경은 선택할 수 없습니다. 이것은 죽을 때도 동일합니다. 몇 살에 목숨이 다할지, 어떤 방식으로 죽게 될지 내가 택하는 것이 아닙니다.

우리는 죽음을 맞이하는 그 순간까지 최선을 다해 살아갈 뿐입니다. 그렇게 생각하면 인간의 일생은 정말 심플합니다.

세상에 태어나고, 살기 위해 먹고, 먹은 음식을 배설하고, 신체를 성장시키며 사는 것은 인간이나 다른 동물이나 똑같습니다. 다만 인간은 그저 생명을 유지하기 위해 살지 않습니다. 자기 삶을 의미 있게, 그리고 자신에게 주어진 사명을 다하며 살아갑니다.

"나는 무엇을 위해 사는가?" 그것을 늘 자문자답하며 사는 것이 인간에게 주어진 일생이라고 저는 생각합니다.

석가모니 부처님의 이야기를 조금 하겠습니다.

부처님은 "생로병사가 고통이다"라고 했습니다. 인간은 생로병사라는 네 가지 고통을 끌어안은 존재라고 했지요. 늙고, 병들고, 죽는 것이 고통이라는 점은 알겠으나 어찌하여 태어나는 것까지 고통이라고 말했을까요?

어린 시절, 부처님은 석가족의 왕인 아버지에게 이끌려 논밭갈이 행사에 갔습니다. 논밭을 경작하기 위해 농부들이 가래로 땅을 갈아엎는 행사였어요.

농부가 가래를 써서 땅을 갈아엎으니 벌레들이 우르르 나왔습니다. 그러자 곧장 새가 날아와 막 땅속에서 나온 벌레를 쪼아 먹었습니다. 밖으로 나온 벌레들은 바깥세상의 빛을 쬔 순간 새에게 잡아먹히고 말았지요. 그 광경을 본 부처님은 마음이 아팠습니다.

'생명을 유지하는 일이란 곧 다른 생명을 빼앗는 일이구나. 세상은 어찌 이리 잔혹한가. 어쩌면 태어나는 것조차 고통이지 않을까'라는 생각을 했습니다. 그리고 부처님은 깨달았습니다. 인간은 자신의 힘으로 사는 것이 아니라 주변에 기대어 살아간다는 사실을 말입니다.

우리 인간은 다른 생명을 먹고 삽니다. 그렇다면 '다른 생명 대신 얻은 생명을 어떻게 살아야 세상에 보탬이 되는가?', '자신에게 주어진 사명을 깨닫고 세상에 기여하려면 어떤 노력을 해야 하는가?' 여기에 마음을 기울일 때 우리는 살아 있음을 실감하게 됩니다.

저는 이 마음을 잊어버리면 심플하게 살기 어렵다고 생각합니다. 생명에 눈길을 주는 마음이야말로 인간의 본질이라고 믿는 까닭입니다.

이 세상에 태어나 죽을 때까지 주어진 인생을 어떻게 살
것인가? 아니, 어떻게 받아들일 것인가?

심플하게 살기. 그것은 항상 본질로 눈을 돌리는 일입니
다.

그럼 어떻게 하면 만물의 본질을 깨달을 수 있을까요?
어떻게 하면 고민에 얽매이지 않고 세상일에 마음을 빼앗
기지 않을 수 있을까요? 어떻게 하면 마음이 편안하고 충만
한 인생을 살아갈 수 있을까요? 무엇에 주의를 기울이고 무
엇을 버려야 현혹됨 없이 심플하게 살아갈 수 있을까요? 그
해답을 이 책에서 풀어놓고자 합니다.

겐코지 주지실에서
마스노 슌묘

목차 _____

제1부

자기 자신을
돌아보라

01. 솔직한 마음 들여다보기

자신의 진심은 의외로 잘 모릅니다.
"정말 그렇게 생각해?"라고 스스로에게 물어보세요.

마음이란 무엇일까? 진심은 어디에 있을까? 나는 도대체 어떤 사람일까?

이것은 우리 인간이 반드시 마주하게 되는 물음이라고 생각합니다. 특히 사춘기 때 고민해 본 적이 있지 않은가요? "진짜 나는 누구인가?" 거의 모든 사람이 맞닥뜨리는 의문이지만 명확한 답을 찾은 사람은 한 명도 없습니다.

"아니요, 저는 저를 잘 압니다. 제 마음이 명확하게 보여요”라고 말하는 사람도 있을 것입니다. 본인 마음이야 본인이 제일 잘 아는 것 아니냐고 반문을 할 수도 있습니다.

그런데 과연 보이는 부분이 자기 마음의 전부일까요? 만약 자신을 다 안다면, 자기 마음이 훤히 보인다면 마음이 번잡하고 심란하여 고민하는 사람이 없을 것입니다.

하지만 실제로는 자기 자신도 본인의 마음을 잘 모릅니다. 이런 것도 같고 저런 것도 같고 자신의 진짜 마음이 무엇인지 명확하지 않습니다. 그래서 자기 마음을 착각하는 경우도 흔합니다.

‘나는 이런 사람이야.’
‘이런 사람이고 싶어.’
‘난 이래야 해.’

이렇게 마음을 먹고 자신의 진심과는 다르게 타인의 시선에 따라 자신을 만들어 가기도 합니다. 다시 말해 자기다운 인생을 사는 것이 아니라 타인에 의해 만들어진 자신을 따라 살아간다는 뜻입니다.

마음은 끊임없이 변합니다. 그때그때의 감정이 마음을 뒤흔들지요. 그러므로 정말 자신의 마음을 정확하게 아는 것이 중요합니다.

그리고 '아, 이것이 나구나'라고 받아들여야 합니다. 설령 마음에 썩 들지 않더라도 스스로를 책망해서는 안 됩니다. 못마땅하게 느껴지는 것 또한 자신의 일부분인 까닭입니다.

자기 자신의 감정을 직시하고 받아들이세요. 그것이 옳은지 그른지는 전혀 고민할 필요가 없습니다. 마음의 변화에 몸을 맡기는 것은 스스로에게 솔직한 삶을 살아가는 길입니다.

혹시 '내 진심을 모르겠다, 늘 남에게 휩쓸리기만 한다'라는 생각이 든다면 자문자답하는 습관을 들입시다. "정말 그래도 괜찮겠어? 그게 진심이야?"라고요.

당신의 솔직한 마음, 진심을 들여다 봐야 합니다.

자기 자신도 본인의 마음을 잘 모릅니다.

그래서 자기 마음을 착각하는 경우도 흔합니다.

자신의 마음을 정확하게 아는 것이 중요합니다.

"정말 그래도 괜찮겠어? 그게 진심이야?"라고

자문자답하는 습관을 들입시다.

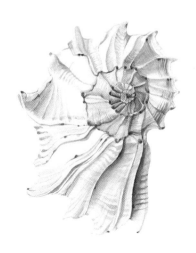

02. 무엇을 마음대로 할 수 있을까?

만사가 생각대로 되지는 않습니다.
모든 것을 받아들이는 강한 마음을 가져야 합니다.

사람들은 이런저런 일상사가 자기 마음대로 되면 걱정이 없을 것이라고 생각합니다. 배우자나 주변 사람이 짜증스럽고 언짢게 느껴지는 원인도 대부분 상대방이 자기 마음대로 되지 않기 때문입니다.

많은 부모가 자녀들에게 자신이 정한 대로 따라오게 하고 자신이 시키는 대로 하라고 명령하고 지시합니다. 하지만 아이들도 자신의 생각과 원하는 바가 있기 때문에 부모의 말을 따르지 않습니다. 여기서 큰소리가 나고 갈등이 생기는 것입니다. 부부 사이도 마찬가지입니다. 자신의 생각대로 배우자가 따라오지 않기 때문에 싸우게 되는 것입니다.

하지만 기억해야 할 것이 있습니다. 이 세상에 당신 마음대로 되는 사람은 없습니다. 당신의 생각이 당신의 부모나 배우자의 생각과 다를 때 그들의 말을 따르지 않듯이 그들도 모두 저마다의 생각과 감정을 갖고 있기에 당신의 말을 따르지 않는 것입니다. 그들은 당신의 마음대로 되지 않습니다. 당연한 일이지요. 그런데도 마음대로 되지 않는다고 짜증을 내는 것입니다.

"마음대로 된다"란 만사가 자기 마음대로 풀린다는 뜻이 아닙니다. 스스로의 의지만 있다면 무엇이든 강한 마음으로 받아들일 수 있다는 뜻입니다.

부모는 자녀에게 깊은 애정을 품고 있으리라 생각합니다. 애정에 초점을 맞추세요. 부모님 말씀을 고분고분 잘 듣는 아이, 혼내면 바로 울음을 뚝 그치는 아이, 열심히 공부하는 아이, 모두 부모의 그릇된 '마음대로'가 바라는 모습입니다.

아이에게 화가 난다면 아이의 행동이 아닌 마음속 애정으로 시선을 돌려 보세요. 배우자에게 불만이 있을 때는 배우자가 아니라 불만스럽게 생각하는 자기 마음으로 시선을 돌려 보세요.

어떠한 경우에도 자신의 마음은 상대방에게 있지 않습니다. 언제나 자기 내면에 존재합니다. 그것을 자각하지 못하는 한 고민이나 불만이 사라지지 않습니다.

만약 자신의 진짜 마음이 뭔지 모르겠다면 당신 내면에 존재하는 절대 흔들리지 않는 중심을 찾아보세요. 아이에 대한 사랑, 배우자에 대한 감사, 주변 사람에 대한 애정…. 그 마음이 곧 당신 자신이기도 합니다.

주위를 전부 자신의 마음대로 컨트롤할 수 있다고 고민이 해소되는 것이 아닙니다. 다른 사람을 절대 내 마음대로 할 수도 없습니다.

자신의 진짜 마음을 깨닫고, 그들을 내 뜻대로 이끌어 가고자 하는 마음을 내려놓을 때 비로소 고민이 해소됩니다.

"마음대로 된다"란 만사가

자기 마음대로 풀린다는 뜻이 아닙니다.

고민은 주위를 전부 자신의 마음대로 컨트롤할 수 있다고

해소되는 것이 아닙니다.

다른 사람을 절대 내 마음대로 할 수도 없습니다.

03. 한 번 생각하고 말하기

감정을 다스리지 못한 말은 서로에게 상처를 줍니다.
마음이나 말을 전하기 전에
생각하는 시간을 가져야 합니다.

이제는 메일이나 SNS 같은 매체를 통한 의사전달이 주류로 자리매김하고 있습니다. 예전에 전화로 의사를 전달할 때보다 간편하고 시간적 공간적으로 더 자유롭습니다. 사무적인 연락을 취하기에는 참 편리한 시대입니다.

다만 마음을 전달하는 측면에서 보면 메일이나 SNS가 마냥 좋지만은 않습니다. 상대방과 얼굴이나 목소리를 마주하지 않는 만큼 긴장감이 없어서 한 번 더 생각하고 거르는 일을 생략한 채 생각나는 대로 이야기하기 쉽기 때문입니다. 메일이나 SNS를 보내고 나서 '그 얘기는 쓰지 말걸' 하고 후회한 적도 많을 것입니다.

제가 대학생일 때는 메일조차 없던 시절이라 상대방에게 무언가를 전달하려면 실제로 만나서 이야기하거나 전화를 걸어 통화하거나 편지를 쓰는 수밖에 없었습니다.

꺼내기 힘든 이야기를 편지로 쓸 때면 신중하게 단어를 고르고, 몇 번씩 고쳐 쓰며 마음을 담았습니다. '좋아, 이 정도면 됐어!' 하고 우체통에 편지를 넣으러 갔다가도 망설이고 그냥 돌아오기 일쑤였어요. 밤에 자려고 누우면 '그런 말은 안 쓰는 편이 나았는데'라든가 '입장을 바꿔 생각하면 말이 지나쳤어'라든가 온갖 생각이 떠올라서 편지 내용을 다시 냉정하게 살펴봅니다. 그러기를 반복하다가 끝내 부치지 못한 편지도 있었지요.

메일의 속도감과 비교하면 편지는 꽤나 긴 시간이 필요합니다. 하지만 이것이야말로 중요한 부분이라고 생각합니다. 자신의 마음을 들여다보고 생각하는 시간 말입니다.

물론 지금 시대에 굳이 우편으로 편지를 보낼 필요는 없습니다. 메일이든 SNS든 알맞게 활용하면 그만이지요. 단, 속도를 맹신하지 않도록 주의하십시오. 마음이란 서둘러 전한다고 좋은 것이 아닙니다. 빠른 속도감에 길들면 하지 않아도 좋을 이야기까지 꺼내게 될 우려가 있습니다.

마음을 전하기 전에 생각하는 시간을 가지세요. 소중한 마음일수록 상대방의 눈을 바라보며 전해야 합니다. 약속을 잡고, 시간을 조절하고, 직접 만나러 가기까지 이래저래 수고스럽겠지만 그러는 동안 자신의 마음을 재확인할 뿐 아니라 상대방을 배려할 수 있습니다.

자기 마음을 전하기에 앞서 생각부터 해 봅시다. 이 마음을 그 사람에게 꼭 전해야 하는가? 애당초 이 마음은 본심인가? 혹 섣부른 판단이나 착각은 아닌가? 스스로 곰곰이 생각하는 일이 중요합니다.

자신의 감정을 부정할 필요는 없습니다. 그러나 감정을 다스리지 못한 말을 전했다가는 후회하기 십상입니다. 다른 사람에게 함부로 전해서는 안 되는 말, 차라리 꺼내지 않는 편이 나은 말이란 것도 있으니까요. 한 번 내뱉은 말은 결코 주워 담을 수 없습니다.

생각하는 시간을 갖는 것은 상대방을 배려하는 동시에 자기 마음을 존중하는 일입니다. 자신의 솔직한 마음을 직시하고, 복잡하게 뒤얽힌 말을 풀어내면 심플한 진심이 보입니다.

마음을 전하기 전에 생각하는 시간을 가지세요.

생각하는 시간을 갖는 것은 상대방을 배려하는 동시에

자기 마음을 존중하는 일입니다.

04. 비교만큼 어리석은 것은 없다

다른 사람과 비교하는 한
자기다운 인생을 살기란 불가능합니다.

인간에게는 여타 동물과 다른 특징이 있습니다. 태어나서 죽을 때까지 해야 할 일이, 각자에게 주어진 사명이 있다는 점입니다. 인간이 가진 사명이란 무엇일까요? 어떻게 해야 각자의 사명을 발견할 수 있을까요?

결론부터 말하면 사명이란 자기 인생을 끝까지 사는 것입니다. 살아가면서 타인에게 보탬이 되고, 그리하여 본인까지 충만해지는 것이지요.

그렇다고는 하나 자신에게 주어진 사명을 하루아침에 발견하는 것은 불가능합니다. 인생길을 걸으며 알게 되는 수밖에 없어요.

　그러므로 일단은 자신이 해야 할 일에 집중하는 것이 중요합니다. 눈앞에 놓인 길로 한 걸음 한 걸음 우직하게 나아가세요. 여러 갈림길을 만날 때마다 쉬운 길을 택하지 말고 어렵고 힘들지만 최선을 다하고 노력하며 나아갈 때 무언가를 이루게 되고 또 자기가 해야 할 일이 무엇인지 알게 됩니다.

　자신의 사명을 발견한 사람은 흔들림 없는 걸음으로 자신 있게 인생길을 걸어갈 수 있습니다. 그리고 매우 심플한 사고방식을 지닙니다.

　"저는 지금 해야 할 일에 집중하고 있습니다. 앞으로 어떻게 될지는 모르겠지만 딴생각하지 않고 현재에 최선을 다할 것입니다"라고 단언합니다.

　하지만 많은 사람은 이들과 달리 심플하게 생각하지 못합니다. 왜 그럴까요?

　다른 사람과 자기 자신을 비교하기 때문입니다.

'저 사람처럼 편하게 일했으면 좋겠다.'

'텔레비전에서 본 것처럼 화려하고 부유하게 살고 싶어.'

'남부끄럽지 않으려면 빨리 결혼해야지.'

심플하게 산다는 것은 다른 사람이 어떻게 살든 자기다운 삶의 방식을 존중하며 사는 것입니다.

인생은 다른 사람과 비교할수록 점점 복잡해집니다. 누군가와 비교한다고 해결되는 일은 단 하나도 없을뿐더러 비교에서 오는 부러움이란 대개 표면적인 부분에 기인하기 때문입니다.

스스로를 남과 비교하는 사람은 인생의 발걸음을 멈춘 사람입니다. 그저 불만을 품기만 하고, 한 발짝도 앞으로 내딛지 못하기에 새로운 길을 만나지도 못하게 됩니다.

'저 사람은 참 편하게 일하네.'

'부족함 없이 살아서 좋겠다.'

'결혼해서 행복해 보인다.'

정말 그럴까요? 이런 평가는 말 그대로 선입견에 불과

할 뿐 진실이 아닙니다.

남들에 비해 자기 인생은 뒤처졌다고, 불행하다고 생각하는 사람은 눈앞의 현실에서 도피한 사람이기도 합니다.

불만을 느낄 때, 그 원인을 상대방에게 돌리고 있지는 않은가요? 남의 인생을 부러워하지 말고 자신의 현재 생활을 개선하려고 노력해야 합니다. 남과 비교하여 자존감을 잃는 사람은 남의 인생에만 관심을 갖고 자신의 인생은 소중하게 여기지 않는 우를 범하는 사람입니다.

당장 해야 할 일부터 하나하나 차근차근 처리해 나가세요. 현실의 귀중함을 깨닫는 것이 중요합니다. 현실이란 자기 눈앞에 놓인 길이고, 그 길은 자기 자신밖에 걷지 못하는 까닭입니다.

불교에서는 인간이 두 번 죽는다고 여깁니다. 첫 번째는 수명이 다했을 때, 두 번째는 살아 있는 사람들 기억에서 지워졌을 때입니다. 끝까지 자신의 길을 걸으며 산 사람은 비록 수명이 다하여 이 세상에서 사라질지라도 반드시 누군가의 마음속에 살아 있습니다.

남을 부러워하고, 남의 인생을 흉내내는 것이 아니라 자신의 삶을 아름답게 살아서 다른 사람의 기억 속에서 지워지지 않기를 바랍니다.

다른 사람과 비교하지 않겠다고 결심했을 때 비로소 자기다운 인생이 시작된다는 것을 기억하십시오.

심플하게 산다는 것은 다른 사람이 어떻게 살든

자기다운 삶의 방식을 존중하며 사는 것입니다.

남과 비교하여 자존감을 잃는 사람은

남의 인생에만 관심을 갖고

자신의 인생은 소중하게 여기지 않는

우를 범하는 사람입니다.

05. 타인이 생각하는 나와 진짜 나

'나는 이런 사람'이라고 단정하는 것은
남이 주입한 모습일지도 모릅니다.

"당신은 항상 누구에게나 친절하군요."
"당신은 좀 완고한 면이 있네요."
"당신은 일처리가 너무 늦군요."

우리는 이런 식의 말로 타인을 칭찬하거나 평가하거나
비판하기도 합니다. 많은 사람이 주변 사람들을 특정한 유
형으로 구분하고 싶어 합니다. 스스로에 대해서도 '난 혼자

있는 걸 좋아하는 사람'이라고 규정지어 이야기하는 경우도 꽤 많습니다.

우리가 자기 자신이나 주변 사람을 유형화하고 싶어 하는 이유는 자신이건 상대방이건 잘 모르겠다는 불안감이 있기 때문입니다. 모르면 불안하니까 어떤 유형으로 규정해서 안심하려는 심리라고 할까요?

그렇지만 사람은 간단히 유형화되는 존재가 아닙니다. "나는 누구인가? 나는 어떤 사람인가?"라는 물음에 답하기란 굉장히 어렵습니다. "나는 이런 사람이야!"라고 딱 잘라 말할 수 있는 사람은 거의 없습니다.

하물며 타인은 어떻겠습니까? 다른 사람에게 "당신은 이런 유형입니다"라는 평가를 들으면 정말 그런가 보다 하고 믿어 버리기 쉬운데, 그것은 남이 멋대로 짐작한 이미지에 지나지 않습니다. 당신의 본질이 아닐 수 있습니다.

사실이 아니라는 것을 알면서도 인간의 마음이란 어쩔 수 없이 주변의 평가에 좌우되는 경향이 있습니다. 예컨대 어릴 적부터 부모에게 "너는 직장 생활하고는 안 맞아. 결혼해서 자식 키우며 사는 게 제일이야"라는 소리를 듣고 자라면 자기도 모르게 '나는 직장 생활에 어울리지 않아'라고 여기게 됩니다. 부모가 한 말이 알게 모르게 마음에 남아 있기 때문입니다.

타인이 규정한 자기 모습에 세뇌되면 자신의 진짜 모습이 잘 보이지 않습니다.

물론 다른 사람이 자신을 어떻게 바라보는지 아는 것 자체는 나쁜 일이 아닙니다. 자신이 미처 깨닫지 못한 부분이 있을 수 있으니까요. 하지만 남의 평가를 모두 사실인양 받아들일 필요는 없습니다.

사람은 은연중에 남의 시선을 신경 쓰며 '타인이 생각하는 나'를 연기합니다. 그렇게 계속 연기하는 사이에 '진짜 나'를 잃어버리고 말지요.

만약 지금 자신의 본모습이 보이지 않는다면 무엇보다 먼저 혼자만의 시간을 가져야 합니다. 사회생활을 하다 보면 아무래도 남에게 휩쓸리기 마련이고, 그것이 지나치면 눈 깜짝할 사이에 말려들고 맙니다. 가끔은 사람들에게서 벗어나 혼자만의 시간에 마음을 맡겨 주세요.

홀로 여행을 떠난다든가 하는 큰 일탈이 아니어도 상관없습니다. 퇴근하자마자 집으로 직행하는 대신 30분이라도 카페에 들러 커피를 즐겨 보세요. 혹시 휴일에 시간이 자유롭다면 바다나 산 같은 자연 속으로 풍덩 빠져들어도 좋겠지요. 스마트폰 전원을 끄고, 파도 소리에 가만히 귀를 기울이며 자기 자신과 차분히 마주하는 시간을 가져 보세요.

그런 시간이 남이 평가한 모습과 다소 거리를 두고 진정한 나 자신을 마주할 수 있도록 해 줄 것입니다.

이제껏 알게 모르게 남에 의해 만들어진 자기 모습을 다시 검토해 보세요. 스스로 묻고 대답하면서 본래의 나를 재확인하는 시간을 갖는 것이 무엇보다 중요합니다.

타인이 규정한 자기 모습에 세뇌되면
자신의 진짜 모습이 잘 보이지 않습니다.

사람은 은연중에 남의 시선을 신경 쓰며
'타인이 생각하는 나'를 연기합니다.
그렇게 계속 연기하는 사이에
'진짜 나'를 잃어버리고 말지요.

만약 지금 자신의 본모습이 보이지 않는다면
무엇보다 먼저 혼자만의 시간을 가져야 합니다.

06. 어떤 길이든 내가 선택한 것이다

현실은 모두 당신의 선택으로 이루어져 있습니다.
어떤 이유에서건 그 일을 선택한 사람은
자기 자신입니다.

사람은 생각하는 대로 살 수밖에 없습니다. 현실이 자기 생각과 아무리 동떨어져 보일지라도 그것은 당신이 여러 선택지 중에서 무언가를 고른 결과입니다. 요컨대 누가 뭐라고 하든 어떻게 생각하든 결국은 자기 생각대로 살고 있다는 말이지요.

"지금 하는 일이 저하고 맞지 않아요. 정말로 하고 싶은 일은 따로 있는데, 그렇다고 이 일을 그만둘 용기도 없습니다. 저는 어떻게 하면 좋을까요?"

어느 여성분이 저에게 상담을 요청했습니다.

"지금 하시는 일은 몇 년째 하고 계신가요?"
"곧 10년 차입니다."
"10년이나 같은 일에 몸담고 계시다면 그건 그 일이 당신에게 맞는다는 뜻입니다. 지금 하시는 일이야말로 당신이 하고 싶은 일은 아닐는지요. 진심으로 싫어하는 일이었다면 10년이나 이어질 리 없다고 생각합니다."

제 이야기를 들은 그분은 정신이 번쩍 든 사람처럼 놀란 표정을 지었습니다.

왜 그랬을까요? 아마 그분 마음속에 있는 또 다른 목소리를 제가 대변해서가 아닐까 싶습니다. 그분도 이미 느끼고 있었겠지요. 지금 하는 일이 자기와 잘 맞는다는 것을, 어쩌면 이 일이 자기가 하고 싶은 일인지도 모른다는 사실을 말입니다.

그러면 어째서 그분은 자기 마음을 자각하지 못했을까요?

지금 하는 일은 스스로 선택한 것이 아니라 다른 누군가가 시켜서 하게 된 일이라고 여겼기 때문입니다. "우연히 이 회사에 취직했거든요"라든가 "부모님이 원해서 이 일을 하게 됐어요"라든가…. 어떤 이유에서건 그 일을 선택한 사람은 자기 자신입니다. 하기 싫은 것을 억지로 선택한 것이라 할지라도 결국은 자기 자신이 최종 결정을 내려 선택한 것입니다. 그 선택으로 현실에 이른 것입니다.

이 여성분과 마찬가지로 현재 상황에 만족하지 못하는 사람이 많습니다. 흔히 '이건 내가 할 일이 아니다, 이 길은 내 길이 아니다'라고 생각하지요. 그런 생각을 하면 할수록 불만은 점점 커지고, 일상이 지겨워집니다.

정말 내 길이 아니라고 생각한다면 다른 길을 선택해야 합니다. 다른 길을 선택했을 때 또다른 어려움이 있겠지만 그 또한 자신이 선택한 것의 결과입니다. 지금 가고 있는 길을 계속 갈 것인지, 다른 길로 바꿀 것인지 모두 자신의 선택입니다.

눈앞에 놓인 현실은 당신이 선택한 것의 결과라는 사실을 받아들이세요. 그리고 지금 당신이 착실하게 생계를 유지하고 있다는 점을 인정해 주십시오. 맡은 역할을 충실히 수행하고 있다면 그것은 전부 당신이 원하는 일을 하고 있다는 증거입니다.

다른 길로 바꾸지 않고 어차피 계속 갈 길이라면 더이상 불만을 가져서는 안 됩니다. 불만이 가득한 채 살아가면 불만은 절대 사라지지 않습니다. 불만족스러운 부분에 주목하는 한 현실은 갈수록 복잡해질 따름이에요. 계속 불만 가득히 살 것이라면 차라리 다른 길로 바꾸는 것이 좋습니다.

어떤 길을 선택했든 그 길에 감사하며 만족한 마음을 가져 보세요. 100%는 아니지만 이 부분은 만족한다는 마음을 가져야 합니다. 그러면 만족하는 부분이 점점 커질 것입니다.

심플한 사람은 눈앞에 있는 행복을 놓치지 않습니다.

정말 내 길이 아니라고 생각한다면

다른 길을 선택해야 합니다.

다른 길로 바꾸지 않고 어차피 계속 갈 길이라면

더이상 불만을 가져서는 안 됩니다.

불만이 가득한 채 살아가면

불만은 절대 사라지지 않습니다.

100%는 아니지만

이 부분은 만족한다는 마음을 가져야 합니다.

07. 주체적으로, 자기 인생의 주인공으로

타인에게 인정받기를 바라기 전에
자신을 인정해 주세요.
주체적으로 살아야 자신을 인정받을 수 있습니다.

　많은 사람이 주변 사람에게 인정받고 싶어하고 남들이 자신을 알아주면 좋겠다고 생각합니다. 그러면서도 자기 자신에 대해서는 만족하지 못하고 인정하지 않고 있습니다.

　누구보다 먼저 자신을 인정해 줘야 할 사람은 자기 자신입니다. 자기 자신조차 인정하지 않는 사람을 과연 다른 사람이 알아줄까요?

이렇게 말하면 "못난 저를 어떻게 인정하나요?"라고 대답하는 사람도 있겠지만 사실 자신을 인정하는 일은 결코 어렵지 않습니다.

누구에게나 부족한 점은 있습니다. 세상 자신만만하고 완벽해 보이는 사람일지라도 예외는 없어요. 문제는 자신의 '결점에 주목하느냐 장점에 주목하느냐'입니다.

고민이 끊이지 않는 사람은 주로 결점에만 신경을 씁니다. 부족하다고 보기 어려운 부분까지 결점이라 여기며 고민의 씨앗으로 만들지요. 흡사 자신의 손으로 자신의 뺨을 치는 형국입니다.

반면 자신의 결점보다는 자신의 장점에 시선을 돌리고 만족하며 사는 사람도 있습니다. 이것이 너무 지나치면 오만하게 비춰질 테니 주의해야겠지만 장점을 바라보며 자존감을 높이고 자신감 있게 살아가는 것은 무엇보다 중요합니다.

누구에게나 부족한 면이 있듯이 모든 사람에게는 좋은 면과 잘하는 일을 가지고 있습니다. 부족한 부분을 채우려고 노력하되 장점에도 주목하세요. 그 시선이 자신을 인정하는 첫걸음으로 이어집니다.

그럼 어떻게 해야 자신의 장점, 잘난 부분을 발견하고 만족하면서 살 수 있을까요? 그것은 아주 간단합니다. 바로 주체적으로 살아가는 것입니다. 다른 누군가와 비교하지 않고, 자기 인생의 주인공으로 사는 것이지요.

인생에는 여러 가지 일이 있습니다. 좋은 일이 있으면 나쁜 일도 있지요. 사람은 무의식중에 좋은 일은 환영하고, 나쁜 일은 회피하려 듭니다. 그러나 자기 앞에 일어난 일들은 전부 받아들이는 수밖에 없습니다.

모든 일을 피하지 않고 정면으로 받아들이는 것이 주체적인 삶의 방식입니다. 집에서나 일터에서나 모임 등 어디서나 주체적으로 행동하세요.

'남이 시켜서 한다'라는 생각으로 움직이면 귀찮다는 기분이 들고, 실패했을 때 남을 탓하게 됩니다. 이런 행동이 계속되면 불만만 쌓이고 고민이 생겨 만사가 복잡해지는 것입니다.

'내가 한다'라는 마음가짐으로 움직이면 기쁜 마음으로 적극적으로 임하게 됩니다. 일의 결과가 좋을 확률이 높아지지요. 만약 결과가 좋지 않더라도 자기 나름대로 받아들이게 됩니다. 그러면 불만이나 스트레스가 생기지 않습니다.

아주 심플합니다. 매사를 주체적으로 받아들이려 노력해 보세요. 노력이 쌓일수록 자신을 인정하는 마음이 단단해집니다.

타인에게 인정받고 싶다는 소망이 나쁘다는 말은 아닙니다. 그 소망이 큰 힘이 될 때도 있습니다. 다만 본인부터 자신을 인정하는 것이 선행되어야 한다는 것입니다. 자신의 삶의 바통을 타인에게 넘기지 않아야 한다는 것을 잊지 말아야 합니다.

우리는 주체적으로 살아야 합니다.

다른 누군가와 비교하지 않고,

자기 인생의 주인공으로 사는 것이지요.

타인에게 인정받고 싶다는 소망이 나쁘다는 말은 아닙니다.

그 소망이 큰 힘이 될 때도 있습니다.

다만 본인부터 자신을 인정하는 것이

선행되어야 한다는 것입니다.

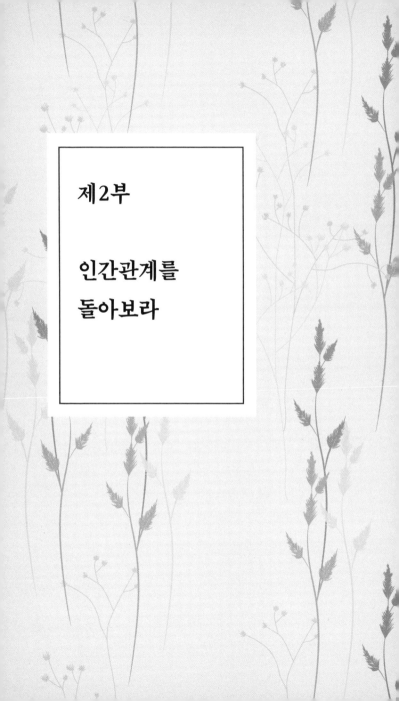

제2부

인간관계를
돌아보라

08. 허세라는 가면을 벗어라

허세는 피로하기 그지없습니다.
편하게 살기 위해서는 자신의 분수를 알아야 합니다.

주변 사람들에게 잘 보이고 싶은 마음에 허세를 부린 경험은 많든 적든 누구에게나 있을 것입니다.

허세를 부리는 것이 꼭 나쁘지만은 않습니다. '내가 바라는 나'의 모습을 의식하고, 이루고자 애쓰는 과정에서 성장으로 연결되기도 하거든요.

문제는 성장하기 위해서가 아니라 오직 남에게 잘 보이기 위한 허세, 자기에게 없는 것을 가진 척하거나 실제와 전혀 다른 모습인 척하는 허세입니다. 이런 부류의 허세는 그저 허구에 불과합니다.

이를테면 월급이 200만 원인데도 500만 원짜리 가방을 카드로 구입하는 것입니다. 그 가방을 평생 사용한다면 좋겠지만 유행이 지나면 그 가방은 가치가 떨어집니다. 신상품이 나올 때마다 분에 넘치는 값비싼 명품 가방을 사들입니다.

왜 그럴까요? 비싼 가방으로 자기 가치를 높이려는 심산일까요? 친구의 부러움을 사고 싶어서일까요? 목적이 무엇이든 이 같은 허세는 자신을 성장시킨다고 보기는 어렵습니다. 오히려 자신을 옭아맬 것입니다.

월급이 오르지 않는다면 계속해서 비싼 물건을 사는 것이 불가능합니다. 언젠가는 허세를 부리지 못할 텐데 그때는 어떻게 될까요? 후회와 허무만이 가득할 것입니다.

허세를 부리면서 사는 인생은 피로하기 그지없습니다. 원래 자기에게 없는 무언가를 내준다거나 자기 역량을 과장해서 보이려니 어찌 지치지 않겠습니까? 언제 가면이 벗겨질지 몰라 늘 두려움에 떨기도 하겠지요. 이렇게 생활하는 인생이 마음 편한 인생일 리 만무합니다.

'분수'라는 말이 있습니다. 옛사람들은 "분수에 맞게 살아야 한다"라고 자주 말했어요. '무리하지 않고, 현재 자신이 가진 것에 만족하며 자기에게 가장 편안한 방식으로 살아야 한다. 자신의 능력 내에서 최선을 다해 살아가자.' 참으로 심플한 사고방식입니다.

그런 의미에서 보면 "사람은 제 분수를 알아야 한다"라는 말은 무조건 절제하라거나 호사를 누려서는 안 된다는 뜻이 아니라 심플하게 살라는 가르침이기도 합니다.

절제하고 싶지 않다면 노력해서 가지면 되고, 지금보다 높은 수준의 생활을 원한다면 스스로 높이면 됩니다. 요컨대 자기 분수를 알라는 말은 항상 자신의 본질, 본모습을 제대로 보라는 가르침입니다.

저는 회의라든가 강연에 초청되어 국내외 이곳저곳을 방문할 기회가 많습니다. 그럴 때 상대측에서 큰 호의를 베풀어 고급 숙소나 넓은 스위트룸을 잡아 주는 경우가 있습니다. 저 혼자 머무르는데 방이 세 개나 딸린 공간이 주어지니, 저로서는 대체 어디에 몸을 뉘여야 할지… 물론 호의는 감사하지만 아무래도 마음이 편치는 않습니다.

제가 수행할 때 저에게 주어지는 공간은 다다미 한 장(약 90×180cm)입니다. 좌선을 할 때나 이부자리를 깔고 잘 때나 딱 그만한 공간에서 지냅니다. 보통 숙소는 다다미 한 장짜리 크기의 방은 없을 테니, 어떤 방이라도 충분한 크기입니다. 아무리 크더라도 여덟 장 정도면 충분하고 그 이상은 불필요합니다. 즉 제 분수에 맞는 방 넓이는 다다미 한 장에서 여덟 장입니다. 저에게는 그 정도가 제격이에요.

사람은 자기 분수를 알아야 심플한 인생으로 나아갈 수 있습니다.

3만 원짜리 점심식사를 즐기는 친구가 있다고 칩시다. 그 친구가 같이 점심을 먹자고 해서 당신은 엉겁결에 허세를 부리며 어울렸습니다. 점심식사에 3만 원쯤이야 아무렇지 않다는 얼굴을 하고서요.

하지만 당신이 점심식사에 3만 원을 쓸 여유가 없다면 용기를 내어 확실하게 거절해야 합니다. "나는 그렇게 비싼 점심을 먹을 여유가 없어"라고요. 그것은 창피한 일이 아닙니다. 돈이 없으면서도 허세를 부리면서 있는 척 하고 어울리는 것이 훨씬 창피한 일입니다.

무리한 제안은 거절하고, 주위를 찬찬히 둘러보세요. 5천 원으로 점심식사를 즐기는 친구도 많을 것입니다. 그 친구들과 어울리면 허세는 자연히 사라집니다.

모든 허세를 떨쳐 버리기는 어려울지도 모릅니다. 타인에게 잘 보이고픈 마음은 누구에게나 있고, 어떻게 보이든 상관없다며 단칼에 뿌리치는 것 또한 힘든 일이니까요.

그래도 일단 허세를 내려놓아 봅시다. '가면을 쓴 나'가 아닌 '맨얼굴의 나'로 돌아가면 마음이 더없이 평온해집니다. 저 역시 회의나 강연을 마치고 집으로 돌아와 평소 사용하는 이부자리에 들면 그제야 마음이 푹 놓이곤 한답니다.

자기 분수에 맞는 생활로 복귀할 때, 사람은 진정한 자기 자신으로 되돌아가는 모양입니다.

"사람은 제 분수를 알아야 한다"라는 말은

무조건 절제하라거나 호사를 누려서는 안 된다는 뜻이 아니라

심플하게 살라는 가르침이기도 합니다.

자기 분수에 맞는 생활로 복귀할 때,

사람은 진정한 자기 자신으로 되돌아가는 모양입니다.

09. 너는 너, 나는 나

질투심은 서로 똑같다는 착각에서 나옵니다.
상대방과 나는 다르다는 생각만으로도
질투에서 해방됩니다.

사람은 때때로 누군가를 부러워 합니다. 그러다 보면 질투심이 생깁니다. 질투심은 마음속 어딘가에 숨어 있다가 질투를 느낀 순간 걷잡을 수 없이 솟아오르지요. 부질없는 감정이라는 것을 알면서도 사람은 매번 질투심에 사로잡히고 맙니다.

질투심은 왜 생길까요? 자기 자신을 다른 누군가와 비교하기 때문입니다.

극단적으로 말하면 아무런 관계가 없는 사람은 질투하지 않습니다. 비교할 만한 대상이 아니니 당연한 일입니다. 하지만 사람이 사회 속에서 생활하는 한 누군가와 관계되지 않고는 살아갈 수 없기에 우리는 문득문득 주위의 사람과 비교를 하게 됩니다.

예를 들어 옆집이 우리 집과 처지가 비슷하다고 가정해 봅시다. 당신은 전업주부이고, 배우자는 규모가 엇비슷한 회사에서 근무합니다. 아이가 다니는 초등학교도 똑같고요.

그런데 이 비슷한 처지라고 생각하는 그 마음이 통제의 선을 넘게 합니다. 서로 비슷하면 비슷할수록 더 비교하게 만들거든요. 옆집이 새 차를 샀다고 하면 질투심과 경쟁심에 불타올라 무리해서 차를 바꾼다거나 그것이 불가능할 경우 더욱더 질투가 납니다.

이번에는 옆집이 엄청난 부자라고 가정해 봅시다. 그러면 의외로 질투심이 생기지 않습니다. 질투심보다는 그 집과 우리 집은 별개라는 생각에 부러운 마음이 더 큽니다. 비교해 봤자 어쩔 도리가 없다는 점, 서로 사정이 다르다는 점을 알기 때문입니다.

한마디로 질투심은 공통점이 많을수록 비슷할수록 생기기 쉽습니다.

자, 이제 냉정하게 생각해 보겠습니다. 옆집이 차를 바꾸든 말든 우리 집하고 무슨 상관일까요? 옆집 사람이 "차를 새로 뽑았어요!"라고 자랑한다면 "이야, 멋진 차네요!"라고 대답하면 그만입니다. 여기에 "부러워요"라는 말을 보탤 필요는 전혀 없어요. 말의 힘이란 참 신기해서 "부러워요"라고 말하는 순간 정말로 부러워집니다. 굳이 군말을 덧붙이지는 마세요.

사람은 누군가와 서로 비슷한 처지에 놓여 있으면 이도 저도 다 똑같다고 혹은 똑같아야 한다고 여기는 듯합니다. 겉보기에는 똑같아 보일지라도 결코 똑같지가 않은데 말입니다.

각자의 가정에는 각기 다른 사정이 존재합니다. 다른 집과 우리 집 사정을 견주어 볼 이유가 없지요. 우리 집 사정에만 관심을 기울이면 될 일입니다.

당신이 이쪽과 저쪽을 비교하듯이 이웃집에서도 그쪽과 이쪽을 비교합니다. '나는 나'라는 마음가짐을 가지세요. 그러면 쓸데없는 질투심에서 벗어날 수 있습니다.

각자의 가정에는 각기 다른 사정이 존재합니다.

다른 집과 우리 집 사정을 견주어 볼 이유가 없지요.

우리 집 사정에만 관심을 기울이면 될 일입니다.

당신이 이쪽과 저쪽을 비교하듯이

이웃집에서도 그쪽과 이쪽을 비교합니다.

'나는 나'라는 마음가짐을 가지세요.

10. 남과 비교하는 마음 버리기

배우자나 자녀를 남과 비교하면서
과소평가하고 있지는 않나요?
장점을 바라보세요.

"옆집 ○○은 축구부 주장인데, 우리 애는 여태껏 후보 선수예요."

"같은 반 △△는 공부를 잘하니까 특목고에 들어갈 텐데, 우리 애는 성적이 안 좋아서 꿈도 못 꿉니다."

이런 식으로 자기 아이를 다른 아이와 비교하고 있지는 않습니까? 설령 아이 앞에서 말하지 않는다 하더라도 아이는 민감하게 부모의 마음을 감지합니다. 비교가 지속되면 아이의 자존감은 점점 낮아지고, 자신감을 잃은 채 남의 시선만 신경 쓰게 될지도 모릅니다.

"ㅁㅁ는 공부도 잘하고 운동도 되게 잘하더라."

부모가 생각없이 던진 한마디가 아이 마음에 상처를 입힌다는 것을 알아야 합니다.

우리 아이가 태어난 날 느꼈던 기쁨을 떠올려 봅시다. 건강하게 태어났다는 사실 하나만으로 100점 만점이지 않았나요?

태어났을 때는 100점이던 아이의 점수가 비교 속에서 차츰차츰 떨어집니다. 초등학교에 들어가면 80점으로, 중학생이 되어 성적이 나빠지면 더 낮은 점수로, 급기야 좋은 대학교에 합격하지 못하면 하루아침에 바닥으로 곤두박질치기도 합니다.

정작 아이는 아무것도 변하지 않았는데 말입니다. 그냥 운동이나 공부에 소질이 없을 뿐인데 자녀에 대한 부모의 평가는 갈수록 하락합니다.

열심히 노력하는데도 불구하고 부모의 눈에 들지 못하는 아이의 마음을 헤아려 보세요. 부모가 다른 집 아이와 비교하지 않는다면 아이는 '나는 나'라는 자신감을 가지고 행복하게 살아갈 것입니다.

똑바로 나아가려는 아이의 인생을 방해하는 것은 부모의 질투심인지도 모릅니다. 아이는 언제나 100점 만점이므로 부모가 아무렇게나 점수를 깎아서는 안 됩니다.

배우자를 대할 때도 마찬가지입니다. 결혼할 당시의 상대방은 어땠나요? 100점 만점은 못 되어도 90점쯤은 되었겠지요.

"결혼하더니 변했다"라고 이야기하는 사람이 많은데, 변한 사람은 배우자가 아니라 본인일 가능성이 높습니다. 결혼을 결정한 사람도, 배우자의 점수를 깎는 사람도 본인이라는 사실을 잊지 마세요.

마지막으로 한 가지만 더 알아주셨으면 합니다. 당신이 누군가를 부러워하듯이 세상 어딘가에는 당신을 부러워하는 사람도 있다는 점입니다. 질투하고 또 질투당하고…. 모름지기 세상이란 그런 것이랍니다.

'누가 뭐라고 하든 상관 없어. 나는 나야.'

이런 마음을 지니게 되면 질투라는 성가신 감정은 차차 사그라집니다. 다른 사람과 비교하는 마음 따위가 당신의 내면에 자라지 못하도록 멀리 쫓아내시기 바랍니다.

똑바로 나아가려는 아이의 인생을 방해하는 것은

부모의 질투심인지도 모릅니다.

아이는 언제나 100점 만점이므로

부모가 아무렇게나 점수를 깎아서는 안 됩니다.

11. 마음을 새롭게 하자

감정을 리셋하는 습관을 들이세요.
나쁜 감정이 오래 가면 인간관계가 복잡해집니다.

대부분의 고민은 인간관계에서 발생한다고 해도 과언이 아닙니다.

사회 속에서 살아가는 이상 우리가 인간관계로부터 벗어날 길은 없습니다. 부부관계, 친구관계, 직장 내 인간관계, 시댁관계, 친척관계, 각종 모임에서 만나는 사람들과의 관계 등 다른 누군가와 얽히고 설켜 있는 한 인간관계에 관한 고민은 끊임없이 우리를 괴롭힙니다.

당신이 지금 인간관계로 인해 고민하고 있다면 너무 신경쓰지 마십시오. 대인관계는 당연히 힘든 일이며, 인간관계로 고민하지 않는 사람은 없기 때문입니다. 일단 그 고민을 마무리짓고 거리를 두세요. 억지로 해결하려 들면 도리어 스스로를 궁지로 몰아넣기 십상입니다.

인간관계 문제는 '어떻게든 잘 지내고 싶다, 어떻게 하면 좋을까' 하고 머리를 쥐어짜도 명확한 답이 나오지 않습니다. 인간관계에는 서로의 감정이 마구 뒤엉켜 있기 때문입니다. 자기 기분이나 생각이야 자기가 바꿀 수 있지만 상대방의 기분이나 생각을 당신이 원하는 대로 바꾸기란 불가능하니까요.

인간관계에서 오는 스트레스는 거의 상대방을 바꾸려고 하다가 생깁니다.

'내 생각이 맞는데 저 사람은 왜 저럴까? 왜 저렇게 행동할까?'
'내가 이만큼 해 줬는데 저 사람은 왜 저것밖에 안하지?'

우리는 내심 어느 정도의 선을 기대하지만 그 바람대로

이루어지는 경우는 별로 없습니다. 그래서 화가 나거나 불만이 폭발하여 상대방을 비판하게 됩니다.

수행을 거듭하는 저도 인간관계로 고민할 때가 있습니다. 마음의 평정을 유지하기 위해 늘 주의를 기울이는데도 상대방의 말에 섭섭해 하거나 조바심이 들곤 합니다. 그럴 때에는 감정을 붙잡아 두지 말아야 한다고 배웠습니다. 부정적인 감정을 마음에 오래 담아 두어서는 안 된다고요.

마음속에 소용돌이 치는 감정은 곧바로 흘려보내십시오. 분노가 느껴지면 즉시 바깥으로 쫓아내는 습관을 들이세요. 그래야 감정에 휩쓸리지 않는 마음을 가질 수 있습니다.

인간관계 때문에 고민하는 사람은 감정에 사로잡혀 있습니다. 회사에서 동료와 충돌하여 화가 솟구치는 상황은 흔히 일어납니다. 이때 느낀 감정을 절대로 마음에 오래 담아 두지 마세요. 퇴근하면서 생각하고, 집에 돌아와서 생각하고, 씻고 잠자리에 누워서 또 생각하고…. 자꾸 곱씹으니 마음이 번잡해질 수밖에 없는 것입니다. 다음날까지 불쾌한 채로 출근하면 상대방에게도 그런 기분이 전달되어 관계는 점점 나빠집니다.

나쁜 감정이 생기면 감정을 리셋하는 습관을 들입시다. 나쁜 감정이 오래 가면 관계 회복은 점점 힘들어집니다. 빨리 나쁜 마음을 비우고 마음을 새롭게 해야 합니다.

인간관계에서 오는 스트레스는

거의 상대방을 바꾸려고 하다가 생깁니다.

마음속에 소용돌이 치는 감정은 곧바로 흘려보내십시오.

분노가 느껴지면 즉시 바깥으로 쫓아내는 습관을 들이세요.

그래야 감정에 휩쓸리지 않는 마음을 가질 수 있습니다.

나쁜 감정이 생기면 감정을 리셋하는 습관을 들입시다.

12. 내가 달라지면
인간관계는 좋아진다

먼저 달라지기. 먼저 웃는 얼굴로 대하기.
그것만으로도 인간관계는 좋아집니다.

인간관계의 고민을 해결하는 가장 간단한 방법은 자기 자신이 먼저 달라지는 것입니다. 상대방을 변화시키고자 이것저것 시도해 봐야 소용없습니다. 스트레스만 받을 뿐입니다. 내가 변하는 것이 훨씬 심플하고 효과적입니다.

스스로 달라지는 것은 어렵지 않습니다. 그저 웃는 얼굴로 대하면 되거든요. 조금 껄끄러운 사람이나 서먹해진 사람이라도 웃는 낯으로 대하면 끝입니다. 동물 중에서 웃는 표정을 가진 존재는 인간뿐이라고 하지 않습니까? 이 근사한 의사소통의 기능을 십분 활용해 봅시다.

"저는 웃는 게 어색해요."

"웃는 얼굴로 대화하려고 해도 어느새 표정이 딱딱해집니다."

"웃음이 많으면 헤퍼 보이지 않을까요?"

이렇게 말하는 사람도 있습니다만 그것은 핑계이고 단순한 고집입니다. 웃는 얼굴을 하지 않는다면 다른 사람과의 관계가 좋지 않다고 해도 불평해서는 안 됩니다.

"저런 사람이랑 어떻게 웃으면서 이야기를 해요? 말도 안 됩니다."

"저 사람이 변하지 않는 한 저도 어쩔 수 없을 것 같아요."

이렇게 말하는 사람도 있는데 그것은 상대를 거부하는 행위에 지나지 않습니다. 다시 말해 상대편과의 관계 회복을 바라지 않는다는 뜻입니다.

인간관계는 직접 결론짓는 수밖에 없습니다. 저쪽에서 먼저 변해야 한다고 생각하는 사람은 상대방을 자기 생각대로 움직이고 싶다는 것입니다.

'상대방이 어떻게 나오든 나는 내일부터 웃는 얼굴로 인사하자'고 생각하면 그만입니다. 처음에는 멋쩍을지라도 웃는 얼굴로 다른 사람을 대하는 습관이 몸에 배면 미소가 사람들의 마음을 끌어당깁니다. 'ㅇㅇ씨가 요즘 밝아졌네!', '역시 친절하고 만나면 기분 좋은 사람이야' 하는 식으로 당신에 대한 평가가 좋아집니다.

타인의 시선이 변하면 인간관계도 자연스레 변합니다. 주변 사람이 그대로여도 자기 자신이 달라지면 인간관계는 달라집니다.

먼저 달라져 보세요. 나를 바꾸는 것이 내 생각대로 사는 길입니다. 자기 인생은 자기가 하기 나름입니다.

인간관계의 고민을 해결하는 가장 간단한 방법은

자기 자신이 먼저 달라지는 것입니다.

상대방을 변화시키고자 이것저것 시도해 봐야 소용없습니다.

나를 바꾸는 것이 내 생각대로 사는 길입니다.

13. 모든 사람과
친하게 지낼 필요가 있을까?

친해져야 한다는 강박에서 벗어납시다.
표면적인 교제도 나쁘지 않답니다.

사람 사이의 거리를 조절하는 데 서툴러서 고민하는 사람이 있습니다. 친해지고 싶지만 어떻게 해야 거리가 가까워지는지 모르는 사람입니다. 반대로 금세 허물없이 친해지기는 하지만 어느 사이엔가 지나치게 가까워져서 갈등을 빚는 사람도 있습니다.

다른 사람과 알맞은 거리를 유지하는 방법은 무엇일까요?

사람과 사람 사이의 거리란 어려운 문제입니다. 이쪽이 다가가려고 해도 저쪽에서 거부하면 거리는 가까워지지 않습니다. 이쪽은 가까워지고 싶지 않은데 저쪽에서 무작정 다가오는 경우도 퍽 난감하고요. 그 과정에서 싹트는 초조함과 당혹감…. 가만히 생각해 보면 인간관계 고민의 상당수는 서로 마음이 엇갈려서 생기는 듯합니다.

서로 마음이 잘 맞아야 한다는 생각, 혼자 겉돌면 안 된다는 생각에 과도하게 사로잡혀 있는 사람도 보입니다. 친해져야 한다는 강박이 느껴진다고 할까요?

회사 내 인간관계는 엄밀하게 말하면 원활한 업무 진행을 목적으로 하는 관계입니다. 업무의 진행방식 등을 의논할 때도 있겠지만 그 또한 같은 목적을 이루기 위해서지요. 그런데 실제로는 다른 사람의 의견이 자신의 의견과 다를 때 자기 의견만 고집하며 감정적으로 구는 사람이 있습니다. 똑같이 감정적으로 대하면 더욱 감정적인 태도를 취하는지라 의견 조율은커녕 마음이 틀어져 버립니다.

이런 상황에서는 공과 사를 명확히 구분해서 생각해야 합니다. 회사에서 함께 일하는 동료는 친구하고는 다릅니다. 동료에게 속내를 보이거나 공감을 기대하면 오히려 서로 엇갈리고 감정이 맞부딪쳐 관계가 복잡해집니다.

회사 내 인간관계는 업무적으로 연결된 동료일 뿐이라고 심플하게 생각해야 합니다.

그렇다고 동료나 다른 업무적인 관계에서 친한 친구가 생길 수 없다는 말은 아닙니다. 당연히 생길 수 있고, 멋진 일이지요. 같은 목적을 공유하는 데다 마음까지 잘 맞는 동료가 한 사람이라도 있다면 업무도 더 능률이 오를 것입니다.

단, 처음부터 친밀한 관계를 요구해서는 안 됩니다. 날마다 술을 마시러 가자는 둥 휴일에도 같이 놀러 가자는 둥 사적으로 지나치게 친해지려는 사람도 있는데 제발 그러지 마세요. 서로 그런 것을 원한다면 상관없지만 어느 한쪽이 부담을 느낀다면 그 관계는 오래 지속될 수 없습니다.

공과 사의 경계가 불분명할수록 적절한 거리를 파악하기가 어렵습니다. 회사에서 맺는 인간관계의 시작은 어디까지나 업무라는 점을 의식하며 지내는 편이 낫습니다.

자녀의 부모 모임에서 맺은 인간관계도 마찬가지입니

다. 사이좋은 부모들끼리만 모이는 자리라면 별 문제가 없을 텐데, 그곳에는 이미 다양한 규칙과 관행이 존재하는 모양입니다. 그것을 즐기는 사람이야 아무렇지 않겠지만 그것 때문에 모임에서 빠지고 싶은 사람도 분명히 있을 것입니다.

혹시 거듭되는 식사와 행사를 부담스럽게 느끼면서도 좀처럼 거절하지 못해 계속 어울리고 있나요? 어쩌면 당신은 무리에서 소외될까봐 두려운지도 모릅니다. 하지만 사실 소외되어도 상관없지 않은가요? 일부러 열외로 나갈 것까지야 없다고 하더라도 상대편이 당신과 맞지 않는다면 기꺼이 나가 버리세요. 연일 이어지는 만남의 자리가 불편한 사람은 당신 외에도 수두룩하답니다. 성향이 비슷한 친구들과 각자의 페이스대로 어울리면 됩니다. 그것은 고립이 아닙니다. 자신의 선택일 뿐이지요.

이 밖에도 친척, 친구, 이웃 등 모든 인간관계에 있어 '원만하게 지내야 해!'라는 강박이 존재하는 듯 합니다.

그러나 군이 상대에게 속마음을 털어놓을 필요도 없거니와 무리하면서까지 모임에 낄 필요도 없습니다. 웃는 얼굴로 인사하고 안부를 묻는 정도로만 지내도 충분한 경우가 많습니다. 겉과 속이 다르다느니, 속을 모르겠다느니 하는 말을 들을 수도 있겠지만 그런 말에 일일이 신경 쓸 필요도 없습니다.

"그건 표면적인 인간관계잖아요"라고 반론하는 사람도 있으리라 생각합니다. 표면적인 인간관계는 왜 안 되나요? 인간관계는 적당히 표면적이어야 원활하게 굴러갑니다. 필요 이상으로 깊이 파고들거나 속마음을 드러내면 그 관계는 반드시 금이 갑니다.

그렇게 금이 간 관계는 회복될 수도 있지만 회복되지 않을 수도 있습니다. 고로 애초에 금이 가지 않도록 거리를 두는 일도 중요하건만 그래서는 안 된다고 여기니 관계가 복잡해지는 것입니다. 적당한 거리는 인간관계에서 친밀함보다 더 중요할 수 있습니다.

인간관계는 생각처럼 말처럼 쉽지 않습니다. 가까워지는 데도 시간이 걸립니다. 서로를 알아가는 시간, 이해하는 시간이 필요하고, 적절한 거리를 유지해야 합니다. 서로 가까워졌다가 멀어지기를 반복하며 깊은 관계가 되어 가지요. 무릇 인간관계란 그런 법이지 않겠습니까?

친척, 친구, 이웃 등 모든 인간관계에 있어

'원만하게 지내야 해!'라는 강박이 존재하는 듯 합니다.

필요 이상으로 깊이 파고들거나 속마음을 드러내면

그 관계는 반드시 금이 갑니다.

적당한 거리는 인간관계에서 친밀함보다

더 중요할 수 있습니다.

14. 선입견을 버려라

색안경을 쓰면 안 됩니다.
색안경 너머로 보이는 모습은
주변 사람들이 지어낸 모습밖에 없습니다.

　저 사람이 좋은가 싫은가, 나와 마음이 맞는가 안 맞는가, 사람은 무의식중에 양자택일적인 태도를 취합니다. 선인가 악인가, 플러스인가 마이너스인가, 성공인가 실패인가, 선(禪)의 세계에서는 이런 양자택일적 방식으로 사고하지 않습니다. 비 내리는 날이 좋은지 나쁜지를 결정할 수 없는 것과 동일한 이유입니다.

　세상만사에는 좋은 면과 나쁜 면이 다 있습니다. 매사를 어느 한쪽으로 단정하는 사고방식은 자신의 삶을 더 힘들게 만들 뿐입니다.

그럼 인간에 대한 좋고 싫은 감정은 어디에서 생겨날까요? 어쩔 수 없는 감정이라고 생각하는 사람도 아마 있을 테지요. 좋고 싫음이 오롯이 자기 마음속에서 비롯된 감정이라면 물론 괜찮습니다. 그렇지만 제대로 그 사람을 겪어보지도 않은 채 주변 사람들이 하는 말을 듣고 선입견을 가지고 그 사람을 대하는 경우가 꽤 많지 않은가요?

"저 사람하고는 어울리지 않는 게 낫대."
"저 사람은 자기밖에 모른대."
"정말 까다롭대. 엮이지 않는 것이 좋아."

이런 말을 듣고 나면 은연중에 색안경을 쓰게 되지요. 색안경을 쓴다는 것은 상대방은 아무것도 변하지 않았는데 나의 시선이 달라진다는 뜻입니다. 그를 바라보는 눈과 마음이 변한 것이 상대방의 행동이나 말에 있지 않고, 주변 사람의 영향을 받은 자기 자신에게 있다는 소리지요. 좋은 사람 아니면 싫은 사람으로 양분된 인간관계는 본인이 만들었다기보다 주변에서 만들어 준 인간관계일 가능성이 높습니다.

좋고 싫음이 분명하면 언뜻 심플해 보이지만 실상은 정반대입니다. 좋고 싫음을 극명하게 가를수록 인간관계는 오히려 복잡해지거든요.

'오무호오(悟無好惡)'라는 단어가 있습니다. 본연의 모습을 직시하는 태도가 무엇보다 중요하며, 깨달으면 좋고 싫음이 사라진다는 선종의 가르침입니다.

색안경을 벗고 맨눈으로 상대방을 바라보세요. 상대방의 좋은 면과 나쁜 면을 자신의 눈으로 직접 확인하는 것이 중요합니다.

누군가를 좋아하거나 싫어하게 되는 계기는 사소한 경우가 많습니다. 조금 다정하게 말을 걸어 주었다거나, 약간 엄하게 꾸지람을 들었다거나, 작은 도움을 줬다거나, 작은 실수를 했다거나 하는 일로 사람의 모든 것을 판단하기는 너무 편협합니다. 차분한 마음으로 만나 이야기를 해보면 오해를 풀고 서로 이해할 수 있는 사이가 될지도 모르는데, 아예 이해하려는 시도조차 하지 않고 선을 그어 버리니 기회를 잃는 것 같아 안타깝습니다.

그나마 이런 경우는 낫습니다. 심지어 내가 친한 사람이 좋아한다고 해서 나도 그 사람을 좋게 보고, 내가 친한 사람이 안 좋은 면을 말하는 것을 듣고 나도 그 사람을 싫어하는 경우가 있습니다. 이렇게 색안경을 끼고 사람을 보면 제대로 볼 수가 없습니다.

대인관계 능력이 뛰어난 사람이란 주변의 평가나 소문에 연연하지 않고, 자신의 눈으로 상대방을 바라보는 사람입니다. 색안경을 쓰지 않고, 그 사람의 내면을 알아보는 태도가 인간관계에 대한 신뢰로 이어진다고 생각합니다.

그렇다면 좋은 면을 보려고 해도 도무지 좋아지지 않는 사람은 어떻게 대해야 할까요?

억지로 좋아하려고 하지 마세요. 굳이 싫어할 필요도 없습니다. 어떻게든 해야 한다고 생각할수록 스트레스만 쌓입니다. 그냥 거리를 두고 먼 발치에 두면 그뿐입니다.

모쪼록 색안경을 벗읍시다. 선입견을 버리면 인간관계는 심플해집니다.

색안경을 쓴다는 것은 상대방은 아무것도 변하지 않았는데

나의 시선이 달라진다는 뜻입니다.

색안경을 쓰지 않고, 그 사람의 내면을 알아보는 태도가

인간관계에 대한 신뢰로 이어집니다.

선입견을 버리면 인간관계는 심플해집니다.

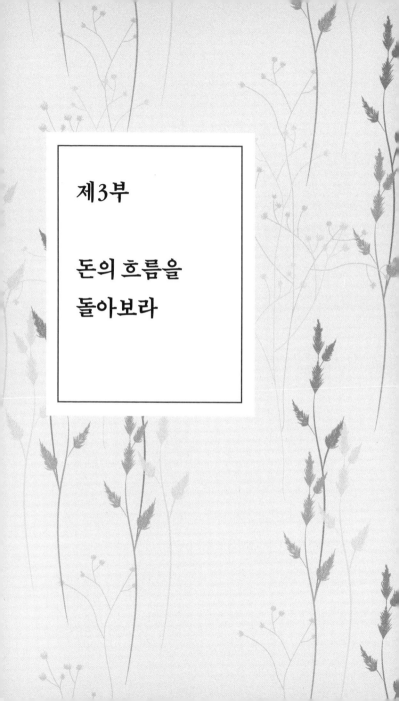

제3부

돈의 흐름을
돌아보라

15. 물건에 대한 욕심 버리기

욕망에서 벗어나려면 주위가 심플해야 합니다.
물건이 넘쳐나면 물욕도 넘쳐납니다.

"돈이 더 많으면 즐겁고 행복할 텐데!"

"나는 왜 돈이 없을까?"

입버릇처럼 돈타령을 하는 사람이 있습니다. 물론 우리
가 살아가려면 돈이 필요합니다. 저는 절의 주지로서 부처
님 말씀을 따르는 사람입니다. 그런 저도 돈이 필요하니 독
자 여러분들은 더 하겠지요.

하지만 저는 필요 이상의 돈을 바라지는 않습니다. 돈에 대한 욕망이 키지면 커질수록 행복에서 멀어진다는 사실을 아는 까닭입니다. 인간의 욕망은 끝이 없습니다. 완벽하게 만족하는 일이 없어요. 특히 물욕은 가지면 가질수록 더욱 커지는 법입니다.

예를 들어 가지고 싶던 물건을 손에 넣으면 분명 기쁩니다. 다만 그것은 행복과는 다릅니다. 일시적인 만족에 불과하지요. 짧은 만족이 스쳐 지나가면 저것도 갖고 싶고, 이것도 갖고 싶은 마음이 또 고개를 들기 시작합니다. 이러한 삶의 방식이 과연 행복일까요?

전쟁이 끝나고, 물자가 턱없이 모자랐던 시대에는 물건이 행복을 가져다준 적도 있습니다. 잇따라 등장하는 편리한 물건을 손에 넣으면 금세 생활이 윤택해지는 것 같았지요.

반면 오늘날은 생활에 필요한 물자가 풍족합니다. 지금과 같은 환경에서 갖고 싶은 물건이란 생활필수품이 아닌 플러스알파의 물건, 말하자면 꼭 필요하지는 않은 물건인 셈입니다. 있으면이야 좋겠지만 꼭 필요하지도 않은 물건을 살 돈이 없다고 한탄하고 있지는 않은지 돌아보시기 바랍니다.

불필요한 욕망에서 벗어나고 싶다면 주변을 심플하게 정리하세요. 주변에 물건이 차고 넘치니까 무심코 그것들에 관심이 가고, 새로운 욕망이 생겨나는 것입니다.

만약 집 안이 정갈하고, 쓸데없는 물건이 없는 환경이라면 불필요한 욕망은 저절로 멀어집니다. 지금 소유한 물건만으로 만족할 수 있게 되거든요. 바로 그 속에 행복하고 평온한 삶이 존재합니다.

돈에 대한 욕망이 커지면 커질수록 행복에서 멀어집니다.

불필요한 욕망에서 벗어나고 싶다면

주변을 심플하게 정리하세요.

주변에 물건이 차고 넘치니까 무심코 그것들에 관심이 가고,

새로운 욕망이 생겨나는 것입니다.

16. 돈과 행복은 완전히 별개다

돈이 없어서 불행한 것이 아니라
삶에서 플러스 요소를 찾지 못하기 때문입니다.
행불행은 돈의 유무로 결정되지 않습니다.

돈과 행복은 완전히 별개입니다. 돈이 없으면 불행하다는 생각도 선입견에 속합니다.

갖고 싶은 물건이 있다고 가정해 보겠습니다. 30만 원짜리 물건인데, 생활비를 쪼개고 나면 30만 원의 여윳돈이 남지 않습니다. 그러면 갖는 것을 포기하던지 아니면 꼭 갖고 싶은 것이라면 아르바이트를 더 해야 합니다.

그렇다면 아르바이트를 더 하는 것이 불행한 일일까요?

새로운 사람을 만날 수도 있고, 이제껏 해 보지 못한 경험을 할 수도 있습니다. '내가 돈이 없어서 저것 하나 마음대로 사지 못하고 이 일을 해야 하나' 하고 돈이 없는 자신의 처지를 비관하거나 불평해서는 안 됩니다.

아르바이트를 해서 30만 원을 마련했지만 사려고 했던 물건을 사지 않기로 마음을 바꾸게 될지도 모릅니다. 힘들게 번 돈이니만큼 자기 자신을 위해서가 아니라 가족이나 다른 소중한 사람을 위해 사용하고 싶어질 수 있어요. 그런 사람은 상대방이 기뻐하는 모습에서 행복을 발견하는 사람이겠지요.

절약해서 30만 원을 마련하는 경우는 어떨까요? 절약하는 것도 불행한 일일까요? 돈을 모으고 싶어서 커피를 마시고 싶은 것을 참고, 3,000원짜리 아이스크림을 먹지 않고 1,000원짜리 아이스크림을 사 먹고, 택시를 타지 않고 전철을 타고 다니는 사람이 불행한 것일까요?

돈을 아끼는 일이 짜증스럽고 불만스럽게 느껴진다면 자신이 무엇을 위해 절약하고 있는지 그 목적을 잊어버렸기 때문입니다. 아끼고 절약해서 그것으로 원하는 것을 얻을 수 있다면 절약은 행복으로 가는 여정인 것입니다.

30만 원쯤 여윳돈이 있는 사람은 원하는 물건을 바로 사겠지만 쉽게 손에 들어온 물건은 쉽게 잊히기 마련입니다. 그에 비해 아르바이트를 하거나 절약해서 산 물건에는 추억이라는 덤이 깃들고, 추억은 언제까지나 귀한 행복으로 남습니다.

자기 주위에서 일어나는 사건이 중요한 것이 아니라 그 사건을 어떻게 바라보는가가 중요합니다. 마이너스 요소만 보면서 불행하다고 비관하는 것이 아니라 그 속에서 플러스 요소를 발견하여 만족하며 감사해야 합니다. 마이너스를 플러스로 바꾸어 가는 사고방식이야말로 선종의 기본적인 사상입니다.

플러스와 마이너스는 실존하는 요소가 아닙니다. 그것은 자기 마음속에 존재합니다.

10만 원을 '10만 원이나 있다'라고 보느냐, '10만 원밖에 없다'라고 보느냐를 결정하는 것은 자신의 마음입니다. 어떻게 생각할지는 스스로에게 달렸다는 점을 이해한다면 돈의 유무로 행불행을 결정하지는 않을 것입니다.

자기 주위에서 일어나는 사건이 중요한 것이 아니라

그 사건을 어떻게 바라보는가가 중요합니다.

마이너스 요소만 보면서 불행하다고 비관하는 것이 아니라

그 속에서 플러스 요소를 발견하여 만족하며 감사해야 합니다.

돈의 유무로 행불행이 결정되는 것이 아닙니다.

17. 자아와 일과 돈의 균형

무엇을 위해 일하는가? 그 이유가 여러 가지일 때
일과 돈의 균형이 잡힙니다.

때때로 우리는 무엇을 위해 일하는지 생각하곤 합니다. 꿈을 실현하기 위해, 하고 싶었던 일은 아니지만 주어진 일이니까, 일단 돈을 모아야 해서, 내가 좋아하는 일이니까, 결혼 준비를 위해 등 답은 각양각색입니다.

저는 일의 목적을 한 가지에만 국한하지 않는 자세가 중요하다고 생각합니다.

이를테면 꿈을 실현하기 위해 최선을 다해 일하고는 있

지만 돈이 한 푼도 벌리지 않는다면 현실적으로 생활하는데 어려움이 따릅니다. 반대로 돈을 벌기 위해서만 일하면 인생이 삭막하고 건조할 것입니다. 돈을 버는 것은 중요한 일이지만 우리는 오로지 돈을 벌기 위해 태어나지는 않았습니다. 여유롭고 행복한 인생을 살기 위해 태어났고 그러기 위해 일도 하는 것입니다.

어느 30대 남성의 이야기를 들었습니다. 그는 대학교를 졸업하고 판매전문회사에 입사했습니다. 기본급은 적지만 성과급이 별도로 지급되는 회사였습니다. 워낙 똑똑하고, 말재주가 좋은 사람이라 순식간에 뛰어난 실적을 올리고 판매왕이 되었습니다.

그의 연수입은 20대 때 이미 1억 원을 훌쩍 넘었습니다. 하루에 4시간밖에 자지 못하고 일했습니다. 야근을 밥먹듯이 하고 또 일이 끝나면 술을 마시러 가는 일상이 매일 이어졌습니다. 일이 끝나는대로 집에 들어가 쉬면 좋으련만 술자리에서 스트레스를 풀어야만 했다고 합니다.

아무튼 '20대에 1억 원을 넘게 벌었으니 저축한 돈이 엄청 많겠구나' 하고 생각하셨나요? 하지만 놀랍게도 그에게는 모아 놓은 돈이 거의 없었습니다. 그의 친구가 그에게 물었습니다.

"돈을 그렇게 많이 벌었는데, 왜 저금한 돈이 한 푼도 없어?"

"그때는 스트레스가 어마어마했거든. 실적을 유지하려고 24시간 내내 신경을 곤두세우고 살았어. 스트레스가 너무 심해서 스트레스를 해소하는데 돈을 많이 썼더니 남은 게 없더라구."

도대체 그는 무엇을 위해 일했던 것일까요? 처음에는 노력할수록 오르는 실적에서 보람도 재미도 만족감도 느꼈을 것입니다. 그랬던 것이 어느 사이엔가 돈과 실적에만 집중하게 되어 일의 기쁨을 잊어버리고 말았겠지요.

돈을 벌기 위해 잠도 못자고 스트레스를 받으며 힘들게 일했지만 남는 것은 아무 것도 없음에 허무함을 느낀 그는 30대 중반에 회사를 그만두었습니다. 현재는 고향으로 돌아가서 본가의 농사일을 돕고 있다고 합니다.

그가 특이한 케이스는 아닙니다. 일하는 데만 신경쓰고 살아서 돈은 벌었지만 더 소중한 가족, 건강을 잃는 사람도 있고, 돈도 벌지 못하고 가족, 건강까지 다 잃는 사람도 많습니다.

만약 이미 허무함을 느끼는 상황이라면 그대로 간과해서는 안 됩니다. 머지않아 부메랑이 되어 마음으로 돌아오기 때문입니다. 한번 멈추어 서서 자신이 무엇을 위해 일하고 있는지 점검해야 합니다. 왜 일하는지 그 이유가 하나라면 위험합니다. 이유가 많아야 합니다.

그것이 자아와 일과 돈의 균형을 잡는 비결이자 일하면서 자신의 발전과 행복을 꾀하는 삶의 방식입니다.

일의 목적을 한 가지에만 국한하지 않는 자세가 중요합니다.

멈추어 서서 자신이 무엇을 위해 일하고 있는지

점검해야 합니다.

왜 일하는지 그 이유가 하나라면 위험합니다.

이유가 많아야 합니다.

18. 인생에서 가장
   소중한 것이 무엇인가?

자신의 건강을 해치면서 버티고 있진 않나요?
한계를 느끼고 물러서는 것은 무능한 것이 아닙니다.
다른 길로 나아가는 일입니다.

돈을 벌기 위하여 자기 자신을 희생하고 있지는 않습니까? 일 때문에 몸 또는 마음을 망가뜨리고 있는 사람들이 갈수록 늘어나는 듯한데, 이것은 완전히 본말이 전도된 것입니다.

우리는 행복하게 살기 위해 태어났습니다. 일하기 위해 태어난 것이 아닙니다. 건강을 해치면서까지 일해야 할 이유는 없습니다. 일도 중요하지만 자신이 할 수 있는 범위에서 해야 합니다.

사람에게는 제각기 한계가 있습니다. 어떤 사람은 다소 무리하더라도 잘 버티지만 어떤 사람은 약간이라도 무리하면 푹 쓰러집니다. 각자 타고난 저항성이 다르기 때문입니다.

인생을 살다 보면 조금은 무리해야 하는 상황이라든가 조금만 더 애쓰면 극복할 수 있는 상황이 생기기도 합니다. 그럴 때에는 스스로를 어디까지 밀어부칠지, 자기 한계를 명확히 인식해야 합니다.

'더는 못 해. 이제 한계야.'

그렇게 느꼈다면 주저하지 말고 멈춰야 합니다. 그것은 실패가 아닙니다. 무능한 것도, 나쁜 일도, 창피한 일도 아닙니다. 자신의 한계를 느끼고 물러서는 것은 다른 길로 나아가는 일입니다.

인생이라는 길은 한 갈래가 아닙니다. 여러 갈래로 나뉘어 있고, 그때그때마다 하나의 길을 선택하며 걸어가는 것이 인생입니다.

　일, 돈, 책임감에 짓눌려 자기 인생을 희생하지 마십시오. 그것은 자기 인생을 산다기보다 일 혹은 돈과 타인에게 지배되는 상태에 가깝습니다.

　직장과 육아를 병행해야 하는 상황에 놓인 사람도 많습니다. 체력적으로나 시간적으로나 상당히 고생스러운 일이지요. 둘 다 감당할 수 있다면 더할 나위 없이 좋은 일입니다. 하지만 만약 육아와 함께 직장일을 계속하는 것이 자신이나 아이를 돌봐주는 할머니, 할아버지 등 다른 식구에게 큰 부담을 주고 있다면 직장에 다니는 일을 다시 검토하는 편이 낫습니다.

　'일이 내 삶의 보람이었는데 육아를 위해 그만둘 수밖에 없었어. 아이 때문에 내 꿈을 희생했어'라고 생각하는 사람도 적잖은 듯합니다. 하지만 한번 생각해 봅시다. 그것이 정말 희생이었을까요? 따지고 보면 일이란 행복한 삶을 살기 위한 수단에 지나지 않습니다. 그때 자신을 가장 필요로 했던 존재가 누구였는지, 가장 행복을 주는 사람이 누구였는지 생각해 보세요. 꿈을 희생한 것이 아니라 아이를 위한 헌

신과 배려이며 무엇보다 소중한 아이를 얻은 또 하나의 성취였다는 생각이 들지 않나요?

반면 육아 때문에 자신의 일을 접는 것이 너무 괴롭다면 직장일에 집중하고 육아를 온전히 다른 분에게 맡기는 것도 좋습니다. 둘다 완벽하게 하려고 하다가는 건강을 해치게 됩니다.

지금 자신의 '인생에서 무엇이 가장 소중한가?' 하고 멈추어 서서 생각하면 많은 것이 보입니다.

인생은 길고, 사노라면 무언가를 놓아야 하는 상황이 찾아오기도 합니다. 살면서 모든 것을 다 가질 수는 없습니다. 그렇기에 우리는 무언가를 포기하며 살고 있지요. 둘다 쥐고 있다가는 몸과 마음이 다 망가질 수 있으니 한계에 다다랐다면 하나를 내려놓기 바랍니다.

그 한계는 사람마다 다 다를 것입니다. 최선을 다하되 한계에 이르렀다면 한발 물러서는 것이 좋습니다. 자신의 건강, 마음만큼은 절대로 해쳐서는 안 되기 때문입니다.

'너는 못 해. 이제 한계야.'

그렇게 느꼈다면 주저하지 말고 멈춰야 합니다.

자신의 건강, 마음만큼은 절대로 해쳐서는 안 되기 때문입니다.

19. 강물 흐르듯 흘러야 하는 돈

돈을 풀어야 모두가 풍족해집니다.
그것이 상부상조의 마음이자
인생을 여유롭게 하는 방법입니다.

'기브 앤드 테이크(give and take)'라는 표현이 있습니다. 좋은 인간관계를 유지하려면 서로 주고받아야 한다는 말입니다. 가령 10만 원짜리 선물을 받았다면 이쪽에서도 10만 원짜리 답례를 해야 한다는 뜻이지요. 일방적으로 한 사람만 주고 한 사람은 받기만 하는 것은 안된다, 서로 주고 받는 것이 균형을 이루어야 인간관계가 잘 유지된다고 보는 사고방식은 참 서양적인 가치관 같습니다.

이런 사고방식이 나쁘다고 생각하지는 않습니다. 맞는 말입니다. 하지만 저는 '기브 앤드 테이크'라는 생각이 어쩐지 각박하다는 느낌이 듭니다.

우리는 예로부터 '상부상조(相扶相助)'의 마음을 가지고 살아왔습니다. 어려움에 처한 이웃이 있으면 주위에서 당연하다는 듯이 그 사람을 도왔습니다. 딱히 그 사람에게 보답을 바라고 돕는 것은 아닙니다. '언젠가는 나도 곤란해질지 모르는데, 그때는 누군가가 나를 도와주겠지'라는 마음으로 힘을 보탰을 따름입니다. 요컨대 서로 도우며 살아야 한다는 사고방식이 곧 상부상조의 마음입니다.

불교에서는 '돈은 풀어야 하는 것'이라고 여깁니다. '제법무아(諸法無我)'라는 가르침이 그것을 나타내지요. 이 세상에 존재하는 모든 사물은 인연으로 생겼으며 변하지 않는 참다운 자아의 실체는 존재하지 않는다는 뜻입니다.

세상에 존재하는 모든 생명체는 서로 연결되어 있습니다. 길가에 핀 꽃무리조차 꽃 혼자만의 힘으로 살 수 없습니다. 이것은 인간 또한 마찬가지입니다. 자연의 혜택을 받고 또 주변 사람들의 도움을 받으면서 살아갑니다. 자기 혼자만의 힘으로 사는 사람은 단 한 명도 없습니다.

우리는 관계 속에서 살고, 돈은 인간관계 속에 있어야 비로소 쓸모가 생깁니다.

어떤 사람은 큰돈을 독점합니다. 혼자 잘살면 그만이라고 생각하면서 주변 사람을 위해서 돈을 쓰지 않습니다. 하지만 돈은 누구 한 사람을 위해서만 존재하는 것이 아닙니다.

부처님은 언제나 돈을 풀어놓으셨다고 합니다. 부처님을 따르는 많은 사람이 부처님 계신 곳에 찾아와 보시를 하고 돌아가면 부처님은 그것을 당신 곁에 모아 두지 않았어요. 가난하고 힘든 사람들을 위해 전부 풀어놓았습니다. 마치 강물이 흐르듯 돈을 가두지 않고 주위 사람들에게 흘려보낸 것이지요.

자기가 가진 돈을 모조리 다른 사람에게 쓰라는 소리가 아닙니다. 약소하게나마 타인을 위해 사용하는 마음을 갖자는 뜻입니다. 그것은 결코 일방적인 시혜가 아닙니다. 상부상조의 마음입니다.

사람은 혼자서는 살아갈 수 없습니다. 그렇다면 돈도 누구 한 사람만을 위해 존재한다고 볼 수는 없지 않을까요? 여기에 생각이 미칠 때, 여유로운 인생이 시작됩니다.

우리는 관계 속에서 살고,

돈은 인간관계 속에 있어야 비로소 쓸모가 생깁니다.

자기가 가진 돈을 모조리

다른 사람에게 쓰라는 소리가 아닙니다.

약소하게나마 타인을 위해 사용하는 마음을 갖자는 뜻입니다.

20. 돈으로 얻지 못하는 행복

손익만 따지는 사람은 가난해집니다.
돈으로는 얻지 못하는 것을 잃어버리는 까닭입니다.

최근 장례식을 보며 생각한 바가 있습니다. 장례식에는 부의금을 지참하는 것이 일반적입니다. 부의금 액수는 고인과 어떤 관계였느냐에 따라 달라지고, 부의금을 받은 사람은 감사의 표현으로 작은 답례를 하기도 합니다.

어느 지역에서는 받은 부의금의 절반 상당을 답례품으로 보내기도 합니다. 꼭 그래야 하는 것은 아니지만 감사의 인사로 답례를 하는 관습을 따르다보니 '부의금 봉투에 10

만 원을 넣었으니 5만 원짜리 답례품이 오겠지'라고 계산하는 사람이 있습니다. 답례품이 5만 원에 못 미치면 불만을 품는 사람도 있고요. 무슨 일에건 득실을 따지는 모습이 저에게는 몹시 서글프게 다가옵니다.

얼마 전에 한 장례식장에 다녀왔습니다. 상주는 남편을 여읜 여성으로 큰 슬픔에 잠겨 있었습니다. 그분은 장례식이 다 끝난 후 장례식에 와준 분들께 답례품을 보냈는데, 규슈의 한 지역에서 판매하는 과자였습니다. 그분은 간토 지방 사람이었기에 규슈에 지인이 계신가 하고 생각했는데 동봉된 편지를 보고 눈시울이 뜨거워졌습니다. 편지는 다음과 같은 짧은 내용이었지만 긴 감동을 주었습니다.

"이 과자는 남편이 규슈로 일하러 갔을 때 사 왔던 과자입니다. 남편은 이걸 굉장히 좋아했어요. 항상 규슈에 주문을 해서 먹을 정도였답니다. 남편이 즐겨 먹던 과자를 드시면서 잠시나마 남편을 떠올려 주셨으면 좋겠습니다."

정말 훌륭한 답례품이라는 생각이 들었습니다. 과자가

얼마인지는 하등 상관이 없습니다. 값이 싸건 비싸건 그 과자에는 미망인의 따뜻한 마음이 한가득 담겨 있고, 답례품을 받은 사람들은 분명 과자를 먹으며 고인을 추억했을 것입니다.

모든 것을 돈으로 계산하고 손익을 따지는 데만 초점을 맞추고 살면 깊은 인간관계가 생기지 않습니다. 돈보다 중요한 것을 보지 못하기 때문입니다. 돈을 따지다 보면 돈보다 중요한 것을 잃게 될 수도 있습니다.

답례품의 가격을 계산하는 사람은 고인과의 추억도, 떠난 남편을 그리워하는 미망인의 마음도 느끼지 못하겠지요. 하지만 과자의 가격이 아닌 그 마음을 헤아리는 사람은 돈보다 훨씬 소중한 것을 받은 것입니다.

부모가 자녀에게 생일 선물을 주었다고 칩시다. 그때 자녀에게 보답을 바라는 부모가 있을까요? "엄마, 아빠! 고맙습니다. 정말 갖고 싶었던 거예요. 소중히 잘 쓸게요!" 하고 기뻐하는 아이의 모습을 보는 것이 무엇보다 큰 답례이고, 아이가 행복해 하는 것을 보는 것만으로도 흐뭇하고 기쁠 것입니다. 아이에게 무언가의 물질적인 보답을 바라는 부모는 없습니다.

다른 사람과의 관계도 이와 마찬가지여야 합니다. 주는 것을 기쁨으로 여기고 다시 받을 것을 생각하지 말아야 합니다. 이 세상은 돈보다도 소중한 것이 많습니다. 돈으로는 대체 불가능한 무언가가 우리를 살게 하고 더 소중하다는 것을 깨달아야 합니다. 그것을 아는 사람이야말로 돈으로 얻지 못하는 행복을 누리며 사는 사람이지 않겠습니까?

모든 것을 돈으로 계산하고

손익을 따지는 데만 초점을 맞추고 살면

깊은 인간관계가 생기지 않습니다.

돈보다 중요한 것을 보지 못하기 때문입니다.

돈을 따지다 보면 돈보다 중요한 것을 잃게 될 수도 있습니다.

돈으로는 대체 불가능한 무언가가 우리를 살게 하고

더 소중하다는 것을 깨달아야 합니다.

21. 지갑이 가벼워지면
욕망도 가벼워진다

지갑의 내용물만 간소화해도 행동이 달라집니다.
욕망을 선뜻 내려놓을 수 있거든요.

옛날 선승들은 수행 하나를 마치면 홀로 산속에 틀어박혔습니다. 속세에서 벗어나 수행에 더욱 정진하는 모습이 선승에게 이상적이라고 여긴 까닭입니다.

왜 깊은 산속에 틀어박혔을까요? 굳이 산속으로 들어가지 않아도 절이라는 수행 공간이 존재합니다. 수행이라면 도시에 있는 절에서도 얼마든지 할 수 있을 텐데, 많은 선승이 산속으로 들어간 이유가 무엇일까요? 그것은 무의미한 자극에 현혹되지 않기 위해서입니다.

절에서도 좌선을 하고, 경전을 외울 수 있습니다. 그렇지만 한 걸음만 밖으로 나가면 속세의 공기가 넘실거립니다. 바깥으로 나가지 않는다고 해도 절 주변에서 사람들이 이야기하는 소리가 들려옵니다. 누군가의 말소리가 들리면 무심코 대화 내용에 귀가 쏠립니다. 또 절 주변의 가게에서 풍기는 맛있는 냄새가 코로 스며들기도 합니다. 맛있는 음식 냄새가 솔솔 퍼지면 불쑥 식욕이 돋기도 하지요.

인간이기에 순간 혹하는 마음이 자연스럽게 생길 수 있습니다. 이런 것들이 수행에 방해가 되기 때문에 속세로부터 멀리 떨어진 장소에서 수련하기 위해 홀로 산속으로 들어가는 것입니다.

인간은 살아 있는 한 누구나 욕망을 느낍니다. 그 욕망을 차단하고 싶다면 어떻게 해야 할까요? 모두가 산속에 틀어박히기란 불가능한 노릇이니 심플한 방법을 소개하고자 합니다.

지갑 속 내용물을 간소화해 보세요. 그날 필요한 만큼의 돈만 넣고, 신용카드도 가급적 소지하지 마십시오. 적립카

드까지 지갑에서 빼면 더 좋습니다.

지갑에 여분의 돈이 있으니까 꼭 필요하지 않은 물건까지 사고, 계획 없이 카드를 쓰는 습관이 몸에 배어 있기에 충동구매를 하는 법입니다. 포인트를 적립하고 싶어서 필요 없는 물건까지 구입한 적은 혹시 없나요?

저는 볼일을 보러 외출할 때 여윳돈을 거의 챙기지 않습니다. 챙기더라도 불필요한 곳에 사용하지 않아요. 그날 사용할 대략적인 경비를 미리 머릿속으로 생각하고 외출합니다. 지갑의 내용물을 간소화하면 그날의 목적에만 마음을 집중하게 되어 행동도 심플해진답니다.

외출 시에는 약속 시간보다 일찌감치 도착하도록 주의를 기울입니다. 가끔은 예상보다 더 일찍 도착하지만 그렇다고 목이 마르지도 않은데 찻집에 가서 커피를 마시지는 않습니다. 그냥 근처를 산책해요. 공원을 발견하면 벤치에 앉아 꽃과 나무를 바라봅니다. 속세에서 멀어진 듯한 분위기를 음미하기도 하며 즐거운 시간을 보내지요.

지금 당신이 사용하는 지갑 속에 있는 것을 전부 다 꺼내 보세요. 항상 가지고 다니는 그 물건들이 정말 매일매일 필요한가요?

현대는 물건으로 넘쳐나는 시대입니다. 길을 걷노라면 눈 닿는 곳마다 상품이 즐비하고, 기업은 사람들의 욕망을 부채질하느라 여념이 없습니다. 기업 입장에서는 당연한 경제활동이겠으나 거기에 홀딱 넘어가서는 안 된다고 생각합니다. 구두쇠처럼 행동하자는 말은 아닙니다. 물건에 현혹되어 불필요한 것에 마음을 빼앗기지 않는 것이 중요하다는 이야기입니다.

지갑 속 물건을 간소화하면 행동이 달라집니다. 나아가 욕망에서 해방되는 후련한 기분도 알게 되지요.

저는 볼일을 보러 외출할 때 여윳돈을 거의 챙기지 않습니다.

챙기더라도 불필요한 곳에 사용하지 않아요.

지갑의 내용물을 간소화하면

그날의 목적에만 마음을 집중하게 되어

행동도 심플해진답니다.

22. 돈이 있는 곳에 마음이 있다

소비하는 방식이 살아가는 방식입니다.
돈 쓰는 것을 보면 그 사람의 마음이
어디에 있는지 알 수 있습니다.

제가 주지로 있는 겐코지에 한 부부가 찾아왔습니다. 정
년퇴직 후 지금은 두 분이서 생활하고 있다고 했습니다. 부
부는 규슈에 살고 있는데 겐코지에 묘를 쓰고 싶다고 말씀
하셨어요.

선조들의 묘는 규슈에 있지만 남편분이 차남이라 새 묘
를 써야 했습니다. 그리고 부부의 자녀들은 다 도쿄 인근에
살기에 규슈에 묘를 쓰면 성묘하러 오고가기가 쉽지 않겠지

요. 겐코지는 요코하마에 자리하고 있으니 자녀들이 편히 왕래할 수 있을 거라 생각하고 여기에 묘를 쓰고 싶어하는 것이었습니다. 자녀들을 생각하는 마음의 깊이를 알 수 있었습니다.

부부가 마음에 쏙 들어하는 장소가 있었습니다. 양지가 바르고, 묏자리가 다른 묘보다 널찍해서 이 정도면 손주들이 함께 와도 불편하지 않겠다며 여간 흡족해 하는 것이 아니었지요.

그로부터 일주일쯤 지난 어느 날, 이번에는 부부가 아들 내외와 함께 찾아왔습니다. 아들 부부에게 묏자리를 보여주고 그곳으로 결정할 예정이었어요.

"여기에 묘를 쓰려고 한단다. 가격은 좀 비싸지만 넓어서 너희들이 불편하지도 않을 테고 양지도 바르고 무척 마음에 드는구나."

부친의 이야기를 들은 아들이 퉁명스럽게 대꾸했습니다.

"이렇게까지 넓을 필요가 있어요? 조금 더 작은 자리면 저렴하게 구입할 수 있을 텐데요. 그 돈이면 패밀리레스토랑을 몇 번은 가겠어요. 묘는 어디에 쓰든 상관없는 것이라 생각해요. 저는 이렇게 넓고 비싼 자리는 반대예요."

그 대답을 듣고 저는 깜짝 놀랐습니다. 곁에 있던 절의 종무원들도 말은 하지 않았지만 적잖이 놀란 눈치였습니다.

물론 묫자리를 결정하는 것은 개인의 마음입니다. 다소 무리하더라도 큼직한 묘를 쓰려는 사람이 있는가 하면 경제적인 사정을 감안하여 아담한 묘를 택하는 사람도 있습니다. 묘는 크니까 혹은 작으니까 어떻다는 식으로 판단되는 대상이 아닙니다. 그곳에 마음이 담겼는지가 중요하지요. 마음이 깃든 묘는 규모에 관계없이 모두 고귀합니다.

묘란 남겨진 사람의 버팀목이자 떠난 사람의 안식처입니다. 아들은 이런 부분에 마음을 쓰지 않고, 패밀리레스토랑에 가는 돈으로 값어치를 계산한 것입니다.

최근에 이 아들처럼 생각하는 사람이 늘고 있는 것 같습니다. 묘의 위치나 자리보다 오직 값으로만 계산하는 것은

'보이지 않는 것에는 돈을 쓸 가치가 없다, 가치를 느끼지 못한다'라는 태도나 다름없습니다. 만약 이 같은 태도가 지금 사회에 만연해 있는 정서라면 그것이야말로 슬픈 일이 아닐는지요.

철도회사에 근무하는 제 친구는 이렇게 한탄했습니다.

"스님, 최근 전철에서 계속 늘어나는 분실물이 뭔지 아십니까? 유골함입니다."

유골함을 전철에 두고 내린다니, 생각지도 못할 일입니다. 사실 그것은 분실물이 아니라 유기물입니다. 정말로 깜빡한 것이라면 유골함에 뼈와 함께 매장허가증이 들어 있어야 하거든요. 매장허가증에는 유가족의 주소와 이름이 적혀 있으므로 누가 분실했는지 금세 알 수 있습니다. 그런데 분실물로 들어온 유골함 속에는 매장허가증이 없다고 합니다. 일부러 놓고 내렸다는 뜻이지요.

무슨 연유로 유골을 유기했는지 진짜 이유를 알 길은 없습니다. 다만 만에 하나라도 매장 비용이 아깝다거나 묘를 쓰는 데 들어가는 돈이 아까워서 그랬다면 이토록 슬픈 일이 또 어디 있을까요?

친구가 저에게 말했습니다.

"유골이니까 처분은 하지 않아요. 최종적으로는 철도회사 측에서 공양을 합니다. 공양에 드는 비용도 당연히 회사가 부담하는데, 저는 그것을 볼 때 마음이 괴롭습니다. 버려진 유골함을 보면 무어라 형언할 수 없는 쓸쓸함과 슬픔이 밀려들어요."

어디에 돈을 사용하는가?

돈 씀씀이는 당신이 어떤 사람이고, 어떻게 살아가는지를 고스란히 드러냅니다. 돈을 쓰는 것을 보면 그 사람의 마음이 어디에 있는지를 알 수 있지요.

성인군자가 되라는 말은 아닙니다. 삶의 방식을 아름답게 가꾸려면 항시 돈 쓰는 것에 주의해야 한다는 이야기지요.

당신이 소비하는 돈에는 어떤 마음이 담겨 있습니까? 돈은 당신의 마음을 비추는 거울입니다.

돈 씀씀이는 당신이 어떤 사람이고,

어떻게 살아가는지를 고스란히 드러냅니다.

삶의 방식을 아름답게 가꾸려면

항시 돈 쓰는 것에 주의해야 합니다.

당신이 소비하는 돈에는 어떤 마음이 담겨 있습니까?

돈은 당신의 마음을 비추는 거울입니다.

제4부

일상생활을
돌아보라

23. 규칙적인 생활의 중요성

규칙적인 생활은 불평, 불만, 욕심을 몰아냅니다.
중심을 잡을 수 있기 때문입니다.

고민과 불안, 불만이 생기거나 일상에 의욕이 없을 때가
있습니다. 왜 그럴까요?

한마디로 말하면 매사를 복잡하게 생각하기 때문입니
다. 매사를 복잡하게 생각하면 만사가 복잡해지고, 복잡함
은 짜증과 번뇌를 불러일으킵니다. 그러니 어찌 마음이 맑
을 수 있겠습니까?

우리는 지금 내 모습에 무언가를 더 채우고 싶어 합니

다. '지금의 나'가 아닌 '더 멋진 나'가 되려면 무엇을 어떻게 하면 좋을까 하고 생각하고 고민하다가 결과적으로 남의 의견에 휘둘린다거나 헛돈을 쓴다거나 하여 현실이 복잡해지기도 합니다.

우리에게 중요한 것은 채우기가 아니라 비우기입니다. 내면에 존재하는 욕망과 허영을 비우고, 주변에 넘쳐나는 물건을 비울수록 또렷하게 보이는 것, 그것이 자신의 중심이자 본질입니다.

심플함을 마음에 새기면 결국 본질에 다다릅니다. 심플한 마음가짐이야말로 자기 본연의 모습을 아는 길이며, 마음 편한 인생을 사는 길이지요. 이것은 아주 쉬워 보이지만 꽤 어려운 길이기도 합니다. 왜냐하면 이 세상에는 현실을 복잡하게 만드는 요소가 차고 넘치기 때문입니다.

그래도 쉬운 길이 없지는 않습니다. 바로 매일 규칙적으로 생활하는 것입니다.

예컨대 승려들은 매일 몇 가지 규칙에 따라 생활하고 있습니다. 승려들은 통상적으로 오전 4시에 기상합니다. 새벽 좌선부터 실시하고, 아침 수행으로 경전을 외웁니다. 아침 수행이 끝나면 절의 경내를 청소하고, 법당 내부를 깨끗이 닦고, 아침밥을 먹습니다. 그러고 나서 저마다 맡은 일에 집중하지요. 날짜에 4와 9가 들어가는 날에는 해진 옷과 승복을 바느질하는 등 24시간 정해진 일과에 맞춰 생활을 합니다.

'왜 이런 일을 매일 해야만 하지?'와 같은 의문을 갖거나 '오늘 아침은 추우니까 걸레질은 생략하자'와 같은 선택의 여지는 없습니다. 그것이 승려의 생활이요, 규칙인 까닭입니다. 승려 또한 인간이기에 이따금 '팥빵이 먹고 싶다'라거나 '5분만 더 잤으면'하고 생각할 때도 있지만 그렇게 할 수가 없습니다. 그런 선택은 허용되지 않기 때문입니다.

그럼 힘들겠다고 짐작하는 사람이 분명 있을 듯싶은데 실상은 다릅니다. 선택의 여지가 없는 상황에서는 욕망이나 불만이 좀 생기더라도 부풀어 오르지 않기 때문입니다.

규칙적인 생활은 심신을 정화합니다. 여러분도 자기 나름대로 몇 가지 생활의 규칙을 정해 보면 어떨까요? 모든 사람이 승려처럼 생활할 필요는 없으니까요. 본인이 지킬 수 있는 그리고 지켜야겠다고 생각한 규칙을 정해서 지키기만 하면 됩니다. 단, '오늘 하루쯤은 괜찮겠지' 하며 스스로를 봐주지 말고, 가급적 지키도록 노력해야 합니다.

그리고 규칙을 정했다면 최소 100일은 계속해야 합니다. 100일은 약 3개월입니다. 3개월 동안 계속하면 1년을 지속하게 되고, 1년간 지속한 규칙은 이미 자신의 생활습관이나 진배없습니다.

직접 결정한 규칙을 하나라도 갖고 있으면 그것이 그 사람의 중심이 됩니다. 중심을 지닌 사람은 무슨 일이 벌어지건 자기다운 생활로 되돌아갈 수 있지요.

규칙적인 생활은 심신을 정화합니다.

여러분도 자기 나름대로 몇 가지 생활의 규칙을

정해 보면 어떨까요?

규칙을 하나라도 갖고 있으면 그것이 그 사람의 중심이 됩니다.

중심을 지닌 사람은 무슨 일이 벌어지건

자기다운 생활로 되돌아갈 수 있지요.

24. 100일만 지켜 보자구요

결심한 바를 100일간 지속하세요.
자신감이 솟아납니다.

심플하게 사는 지름길은 자기 마음의 중심이 흔들리지 않도록 규칙적인 생활을 하는 것입니다. 중심이 잡힌 사람은 자신감이 생기고, 자신감이 있는 사람은 타인의 말이나 환경에 휘둘리지 않습니다. 걱정거리나 문제가 생겨도 해결하는 데 필요한 지혜와 행동이 뒤따르기에 오래 근심하는 일도 없습니다.

하지만 규칙적인 생활을 방해하는 요소는 무수히 많습

니다. 회사에서 야근을 하게 되면 평소보다 늦은 시간에 잠들게 됩니다. 모임이 있는 날은 과음이나 과식을 하게 되고 귀가가 늦어집니다. 때로는 늦게 일어나고, 때로는 밤늦도록 취미를 즐기는 날도 있겠지만 상관없습니다. 적당한 사회생활을 등한시하면서까지 자신의 생활습관을 고집할 필요는 없습니다. 융통성 있게 대처하는 자세도 중요합니다.

생활습관이 몸에 밴 사람은 어쩌다 늦게까지 술자리를 가져도 곧장 자신의 일상으로 복귀할 수 있습니다. 피로가 누적되어 일요일 아침 9시까지 늦잠을 자도 이튿날에는 아침 6시에 가뿐히 일어날 수 있지요. 일상에 간혹 변수가 발생해도 자신의 규칙대로 흔들리지 않는 생활이 가능합니다.

반면 생활습관이 몸에 배지 않은 사람은 다릅니다. 하루를 어설피 보냈다가는 금세 헝클어진 생활을 하게 될 우려가 있어요. 원래 정해진 규칙이 없는 사람이라면 늦은 시간까지 자지 않고 아침에 늦잠을 자도 거리낄 것이 없고, 그런 날이 계속되다 보면 늦잠을 자는 습관이 생길지도 모릅니다. 쉬이 안일해지는 것이지요.

제 주변에도 활기찬 인생을 사는 사람, 자신의 일에 자부심을 갖고 매진하는 사람들이 있습니다. 그들은 십중팔구 자기 나름의 규칙을 착실하게 지키며 생활합니다.

아침마다 같은 시간에 일어나는 등의 사소한 규칙도 꾸준히 실천하면 습관이 되어 자신감으로 연결됩니다. 설령 오늘은 힘들지라도 3개월쯤 지속하면 익숙해지고 또 1년을 지속할 수 있는 힘이 생깁니다. 언젠가는 그 습관이 평생 지키는 습관이 될 수도 있겠지요.

능력 있는 사람은 많습니다. 하지만 능력을 발휘하기 위해서는 무엇보다 지속하는 힘이 중요한 법입니다. 처음부터 술술 풀리는 일은 세상 어디에도 없습니다. 능력은 지속하는 사이에 발휘됩니다. 지속하는 힘이야말로 인생에 있어 소중한 능력입니다.

스스로에게 자신감이 없다고 이야기하는 사람들을 가만히 살펴보면 결심이 작심삼일에 그치는 경우가 많습니다. 빨리 질리고, 빠르게 포기하지요. 자기가 정한 규칙인데도 얼른 벗어나고 싶어 합니다. 요컨대 "나는 끈기가 없어서" 라고 둘러대는 사람은 자기 손으로 자신감을 짓밟고 있는 셈입니다.

승려가 선을 수행할 때도 100일마다 임무가 바뀝니다. 기본적인 생활은 동일하나 각자가 담당하는 일이 100일마다 달라지는 것입니다. 회사로 치면 부서와 업무 내용이 바뀌는 격이라고 할까요? 사람은 각기 잘하고 못하는 분야가 다르므로 어려워하는 일을 맡게 될 때도 있지만 아무튼 100일간 지속합니다. 그렇게 100일이 흐르고 나면 100일 전에는 어렵던 일이 어느새 습관화되어 마음속에 자신감을 심어 준답니다. 100일 동안 지속했을 때의 힘을 믿으십시오.

능력 있는 사람은 많습니다.

하지만 능력을 발휘하기 위해서는

무엇보다 지속하는 힘이 중요한 법입니다.

능력은 지속하는 사이에 발휘됩니다.

지속하는 힘이야말로 인생에 있어 소중한 능력입니다.

25. 행실은 곧 그 사람의 마음이다

몸가짐이 아름다운 사람은 마음씨도 아름답습니다.
몸과 마음은 별개가 아니랍니다.

옛날 사람들은 몸가짐 속에 아름다움이 존재한다고 느꼈습니다. 이것은 외모가 출중하다는 뜻이 아니라 행실을 통해 아름다움이 드러난다는 뜻입니다. 조신함이나 겸손한 태도에서 아름다움이 묻어난다는 뜻이지요.

제가 말하는 조신함이란 여자는 남자보다 한 걸음 뒤처져서 걸어야 한다거나 얌전해야 한다거나 남자 말에 순종해야 한다는 의미가 아닙니다. 저는 자신의 행동을 객관적으로 인식하는 데서 나오는 아름다운 태도가 조신함이라고 생각합니다.

'형직영단(形直影端)'이라는 말이 있습니다. 몸의 자세가 아름다우면 그림자 또한 아름답다는 뜻으로 바른 자세와 몸가짐을 명심하라는 가르침입니다. 여기서 그림자란 그 사람의 마음을 상징하기도 합니다. 고로 몸가짐이 아름다운 사람은 마음씨도 아름답다는 말이 되지요. 몸과 마음은 함께 존재하기 때문에 절대 별개일 수 없습니다.

혹시 '난 마음이 아름다우니까 겉모습은 아무래도 상관없겠지. 몸가짐이 좀 흐트러져도 괜찮을 거야'라고 생각했다면 큰 오산입니다. 세상에서 가장 아름다운 마음을 지녔다 한들 그것을 꿰뚫어 보는 사람이 과연 얼마나 있겠습니까? 거의 없을 것입니다. 사람은 상대방의 행실을 통해 그 마음을 가늠하고 들여다봅니다.

지금은 본당을 재건하는 중이라 상황이 달라졌으나 원래 겐코지 본당에서 법회를 진행할 때는 정좌를 하고 불경을 외웁니다. 정좌를 할 때는 등줄기를 곧게 펴서 뒷모습까지 바르게 하도록 유의하는데, 자세는 당연하거니와 이미 몸에 밴 선승다운 몸가짐에도 신경을 씁니다.

현재 임시 본당에서 이루어지는 법회는 의자에 앉아서 하지만 의자에 앉더라도 조신한 자세와 몸가짐은 한결같습니다. 법회에 오신 분들은 그 모습에서 평안함을 느낍니다.

만일 선승이 정좌 대신 책상다리를 한다면 어떨까요? 구부정한 자세로 껌을 짝짝 씹으면서 불경을 외운다면 어떨까요? 공양을 드리러 왔다 할지라도 그런 선승의 목소리에 귀를 기울이는 사람은 없을 것입니다.

예시가 극단적이기는 하지만 그만큼 몸가짐이 중요하다는 점을 알아주셨으면 합니다. 아름다운 몸가짐의 기본은 머리를 숙이고 걷는 자세가 아니라 등을 곧추세우고 정면을 응시하며 걷는 자세입니다. 사람들은 당당한 모습 속에서 아름다움과 강인함을 발견합니다.

세상에서 가장 아름다운 마음을 지녔다 한들

그것을 꿰뚫어 보는 사람이 과연 얼마나 있겠습니까?

거의 없을 것입니다.

사람은 상대방의 행실을 통해

그 마음을 가늠하고 들여다봅니다.

26. 내일은 내일의 바람이 분다

고민거리를 끌어안은 채 잠자리에 들면 안 됩니다.
머릿속에서 잡념을 몰아내고
편안하게 내일을 맞이해야 합니다.

묘하게도 걱정과 고민은 밤에 더 크게 엄습합니다. 생각을 안 하려고 해도 자꾸 생각이 나서 뜬눈으로 밤을 지새우게 됩니다. 낮에는 대수롭지 않던 걱정거리가 밤에 자려고 누우면 자못 심각하게 느껴져서 밤새 잠을 이루지 못하는 경우가 많습니다. 이럴 때는 취침 전 좌선이 아주 효과적입니다.

저는 '무의 경지'에 도달하기 위해 좌선을 합니다. 무의 경지란 모든 잡념을 몰아내어 잡념이 머릿속에 머무르지 않는 경지입니다. 따라서 머릿속에 떠오른 잡념을 붙잡지 않는 것이 중요하지요. 붙잡아 두지 않고 흘려보내면 잡념은 자연스레 사라집니다.

고민하지 않고 기분 좋게 잠들 수 있도록 취침 전에 10분씩이라도 좌선을 해 보면 어떨까요?

선승들은 좌선을 할 때 좌선용 방석을 사용합니다. 보통 원형 쿠션처럼 생긴 두툼한 방석을 이용하는데 이것이 없을 경우에는 일반 방석을 두 번 접어서 접힌 부분이 바깥으로 가도록 놓고 그 위에 앉습니다.

자세는 결가부좌(양발의 발등을 반대편 허벅지 위에 올리고 앉기)가 가능하면 좋은데, 어렵다면 반가부좌(한쪽 발의 발등을 반대편 허벅지 위에 올리고 앉기)도 상관없습니다. 가부좌를 틀고, 등을 똑바로 펴고, 아랫배를 약간 앞으로 내미는 듯한 자세만 유지하면 됩니다. 마지막으로 배꼽보다 75㎜쯤 아래에 있는 단전을 의식하며 느리고 깊은 호흡을 반복합니다. 반가부좌도 정좌도 힘든 사람은 의자에 앉아서 해도 괜찮습니다. 중요한 것은 등을 꼿꼿이 세우고 아랫배를 내미는 자세와 단전호흡입니다.

좌선을 시도해도 좀처럼 잡념이 사라지지 않을 때는 '지금 고민해 봤자 별수 없잖아. 내일 다시 생각하자'라고 생각을 전환해 봅시다. 한밤중에 머리를 쥐어짠다고 고민이 해결되지는 않습니다. 이리저리 궁리한들 공허할 따름이니 '내일은 내일의 바람이 분다'라는 마음으로 머릿속을 환기해야 합니다. 고민과 걱정을 흘려보내고, 마음을 환기하는 일은 좌선을 생활화할수록 능숙해집니다.

좌선이 여의치 않은 경우라면 좋아하는 음악을 듣는다거나 마음에 드는 사진집을 훑어본다거나 향초를 피우는 방법도 괜찮습니다. 핵심은 어떻게든 걱정으로 하루를 마치지 않고, 걱정거리를 끌어안은 채 잠자리에 들지 않는 것입니다. 걱정거리를 내려놓고 차분해진 마음으로 내일을 맞이해야 합니다.

인생이란 과거에 마음을 두는 것이 아니라 마음속에 새로운 내일을 그리면서 잠들기를 반복하는 것입니다.

걱정으로 하루를 마치지 않고,

걱정거리를 끌어안은 채 잠자리에 들지 않아야 합니다.

걱정거리를 내려놓고 차분해진 마음으로 내일을 맞이합시다.

인생이란 과거에 마음을 두는 것이 아니라

마음속에 새로운 내일을 그리면서 잠들기를 반복하는 것입니다.

27. 마음을 리셋하는 습관

시간에 경계 짓기는
불쾌한 흐름을 끊고 마음을 리셋하는 방법입니다.

마음을 리셋하는 습관은 굉장히 중요합니다. 좌선 역시
마음을 리셋하는 한 방법으로 리셋이 잘되면 고민거리가 생
겨도 더 심각해지거나 복잡해지지 않습니다.

선승에게는 좌선이 곧 인생이라고 할 만큼 중요한 일입
니다. 그만큼 일상적으로 좌선을 수행하는데, 절 밖으로 외
출하면 좌선할 곳이 마땅치 않을 때가 있습니다. 그럴 때는
입선이라는 방식을 택하기도 하지요.

입선을 할 때는 똑바로 서서 깊은 단전호흡을 반복합니다. 잡념을 털어 아무것도 생각하지 않는 시간을 만들면 불과 몇 분 사이에 머리가 맑아지고, 심신이 편안해진답니다.

좌선이나 입선은 평소에 하던 사람만 할 수 있는 일이라고 여기는 분도 계실지 모르는데 사실은 그렇지 않습니다.

예를 들면 출퇴근시간에 전철에서 서서 간다면 입선을 시도해 봅시다. 먼저 손잡이를 잡고, 눈을 반쯤 감은 상태로 단전에 의식을 집중하세요. 깊은 호흡을 반복하면서 머릿속에 떠오른 잡념을 흘려보내면 매일 맞이하는 출퇴근시간이 한결 평안해질 것입니다.

점심 휴식시간에도 근처 공원이나 휴게실에서 조용히 입선을 할 수 있습니다. 본인의 자리에 앉아서도 잠깐잠깐 좌선이 가능하고요. 그러다 보면 마음을 리셋하는 감각이 조금씩 몸에 배리라 생각합니다.

마음 리셋은 시간에 경계를 짓는 일과도 같습니다. 회사에서나 집에서나 기타 어디에서나 우리는 늘 시간에 속한 존재이고, 시간은 끊임없이 흐릅니다. 그 흐름에서 벗어나 마음을 리셋하려면 직접 흐름을 끊는 수밖에 없어요.

오전에 언짢은 일을 겪었다고 칩시다. 그것을 시간의 흐름에 맡겨 버리면 두고두고 그 일이 떠올라 불쾌함을 유발합니다. 그렇게 되지 않도록 오전과 오후 사이에 마음의 경계선을 확실하게 그어 주세요. 어제와 오늘 사이, 아까와 지금 사이도 마찬가지입니다.

시간의 흐름에 내맡기지 말고, 의식적으로 경계를 지어 불쾌한 흐름을 끊어 줍시다.

어제 일을 오늘까지 끌어오지 않도록, 오전에 느낀 불쾌함이 오후까지 이어지지 않도록 마음속에 경계선을 긋는 것, 그것이 마음 리셋입니다.

시간의 흐름에 내맡기지 말고,

의식적으로 경계를 지어 불쾌한 흐름을 끊어 줍시다.

어제 일을 오늘까지 끌어오지 않도록,

오전에 느낀 불쾌함이 오후까지 이어지지 않도록

마음속에 경계선을 긋는 것,

그것이 마음 리셋입니다.

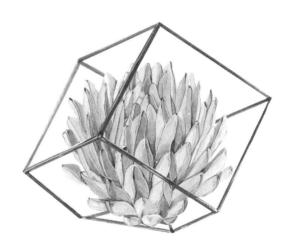

28. 웃는 얼굴이 주는 행복

억지웃음이면 뭐 어떤가요?
그냥 웃기만 해도 자신은 물론 주변까지 행복해집니다.

아침에 일어나서 거울을 마주했을 때, 당신의 표정은 어 땠나요?

저는 일어나서 맨 처음으로 보는 자신의 얼굴 표정이 매 우 중요하다고 생각합니다. 아침 첫 얼굴이 싱글싱글 웃는 표정이라면 그날은 좋은 하루가 되고, 반대로 찌푸린 표정 이라면 우중충한 하루가 되거든요. 겨우 그만한 차이로 하 루가 달라지는 것입니다.

웃는 얼굴에는 웃을 일이, 찌푸린 얼굴에는 찌푸릴 일이 찾아옵니다. 아침 첫 얼굴은 그만큼 중요합니다.

'억지웃음'이라는 말이 있습니다. 어쩐지 이것을 안 좋게 바라보는 사람이 많은 듯한데, 저는 생각이 다릅니다. 억지웃음은 결코 나쁘지 않습니다.

웃는 얼굴은 두 종류로 나뉩니다. 하나는 마음에서 우러나는 웃음으로 즐거운 일이 생기거나 눈앞에 좋아하는 사람이 있으면 누구나 자연스럽게 지어지는 웃음입니다. 다른 하나는 자기 의지로 만든 웃음, 곧 억지웃음입니다.

다들 진심으로 웃으며 생활한다면 참 좋으련만 현실은 그렇지가 않습니다. 기분이 좋지 않을 때도 많습니다. 그렇다면 자연스럽게 기분이 좋아서 웃음이 나는 것이 아닐 때, 우리는 어떻게 해야 할까요?

자기 의지로 웃는 얼굴을 만들어 내면 됩니다. 만약 불쾌한 일이 있다면 의식적으로 미소를 지어 보세요. 처음에는 어색하겠지만 개의치 않고 계속 미소를 지으면 신기하게 마음이 평안해집니다. 억지웃음이 결과적으로 자신의 마음을 치유해 주는 것입니다.

선종에서 말하는 '화안(和顔)'은 온화한 미소를 유지해야 자신의 마음까지 온화해지며, 그 온화함이 주위 사람의 마음을 어루만진다는 의미를 갖고 있습니다.

더군다나 웃는 얼굴은 전염됩니다. 가령 그곳의 분위기가 딱딱해도 한 사람이 웃으면 또 다른 한 사람이 웃게 됩니다. 분위기를 밝게 만들고 싶을 때, 모두의 마음이 환해지기를 바랄 때에는 백 마디 말보다 한 번의 호탕한 웃음, 미소를 짓는 얼굴이 더 효과적입니다.

'도저히 못 웃겠다'라거나 '억지웃음은 가식적인 것 같아 싫다'라고 생각하는 사람도 있을지 모릅니다. 그러나 웃지 않겠다고 고집해서 손해를 보는 사람은 결국 본인입니다. 이것저것 따지거나 자기 의견만 내세우지 말고 그냥 빙그레 웃어 보세요.

부모라면 더욱 그렇습니다. 자녀에게는 아무리 좋은 말일지라도 무서운 가르침보다 부모의 미소가 필요합니다. 백마디 꾸중보다도 부모의 인자한 미소가 아이를 변화시킵니다. 이것은 선이 저에게 일깨워 준 해답 중 하나랍니다.

가족, 주변 인간관계, 사회 전체의 분위기를 결정하는

주체는 우리들의 마음입니다.

행복이란 완벽한 환경에서 오는 것이 아닙니다. 어떠한 환경이든 내가 그곳에서 웃으며 만족하며 지낼 때 행복이 깃들게 됩니다. 지금 이 순간부터 미소를 지어 보세요. 미소는 모든 사람이 소유한 가장 아름다운 표정이고 좋은 일을 불러오는 마법의 주문입니다.

웃는 얼굴에는 웃을 일이,

찌푸린 얼굴에는 찌푸릴 일이 찾아옵니다.

행복이란 완벽한 환경에서 오는 것이 아닙니다.

어떠한 환경이든 내가 그곳에서 웃으며 만족하며 지낼 때

행복이 깃들게 됩니다.

지금 이 순간부터 미소를 지어 보세요.

29. 5년 만에 마음을 연 아버지

성묘란 고인을 기억하며, 자신을 돌아보는 것입니다.
가족의 인연을 이어주는 일입니다.

앞에서도 이야기했지만 불교의 세계에서는 인간이 두 번 죽는다고 여깁니다.

첫 번째 죽음은 육신의 생명이 다했을 때로 이 죽음은 모든 사람에게 찾아옵니다. 두 번째 죽음은 살아 있는 사람들의 기억에서 지워졌을 때로 사람들이 그 사람의 존재를 잊어버렸을 때입니다. 그러므로 어떤 사람에게는 찾아오고 어떤 사람에게는 찾아오지 않을 수도 있습니다.

저는 인간이 진짜로 이 세상을 떠나는 순간은 첫 번째 죽음을 맞이할 때가 아니라 두 번째 죽음을 맞이하는 순간이라고 생각합니다. 그런 의미에서 보면 성묘는 고인의 두 번째 죽음을 막는 역할을 하는지도 모릅니다.

오래전에 돌아가신 조부모나 부모에 대한 기억은 시간이 지날수록 흐려집니다. 돌아가셨을 당시에는 큰 슬픔에 잠기지만 시간의 흐름과 함께 슬픔은 차차 무뎌집니다. 그것이 나쁜 일은 아닙니다. 언제까지나 슬퍼하며 살 수는 없으니 망각은 삶에 필요한 일이기도 합니다. 하지만 완전히 잊어서는 안 됩니다.

우리가 사랑하는 고인을 두 번 여의지 않고, 평생 마음속에 살려 두기 위해서 어떻게 해야 할까요? 어느 정도 슬픔이 가라앉고 평상시에는 고인을 잘 떠올리지 않지만 성묘를 통해 그 날은 고인을 기억해야 합니다.

묘 앞에 서면 고인과의 옛 추억이 되살아납니다. 돌아가신 아버지의 목소리가 귓전에 맴돌고, 어머니의 웃는 얼굴이 눈에 아른거립니다. 우리가 기억하는 그 모습으로 고인은 우리 마음속에서 계속 살아갑니다.

성묘란 그저 고인에게 공양을 올리기 위한 일이 아닙니다. 어떤 사람은 의무감으로 하기도 하고, 또 어떤 사람은 귀찮아하기도 하고, 또 어떤 사람은 불필요하다고 생각하기도 합니다. 하지만 일단 묘 앞에 서면 희한하게 마음이 차분해집니다. 묘를 청소하면서, 술을 끼얹으면서 묘에 말을 걸기도 하지요.

"아빠, 내가 회사를 그만둘까 하는데 어떻게 생각해?"
"엄마, 딸이 사춘기라 말을 안 들어. 엄마는 그럴 때 어떻게 했어?"

아무에게도 털어놓지 못한 말이나 누구에게도 상담하지 못한 이야기가 묘 앞에서는 술술 흘러나옵니다. 물론 대답이 돌아오지는 않지요. 그래도 성묘가 끝날 즈음에는 마음 한구석이 후련해지는 것을 느낄 것입니다.

왜 그럴까요? 고인에게 이야기를 하는 과정에서 자기 생각이 정리되기 때문입니다. '가만 생각해 보니 고민할 필요도 없는 일이었네!'라든가 '생각이 좀 지나쳤나? 원점으로 돌아가서 재검토해 보자'라는 식으로 자문자답할 수 있으니까요.

차마 말하지 못하고 끙끙 앓던 문제도 막상 말하고 보면 고민의 본질이 눈에 들어오는 경우가 있습니다. 말로 표현하는 행위가 마음을 심플하게 만드는 셈이지요.

가족 간의 유대가 빈약해진 시대라고들 하지만 가족은 인간의 원점입니다. 그렇지만 강하게 연결되어 있기에 오히려 감정의 골이 깊어지거나 사랑한다는 이유로 이런저런 갈등을 빚기도 합니다.

한 30대 후반 여성이 저에게 상담을 요청한 적이 있습니다.

"벌써 5년째 아버지와 절연 상태로 지내는 중입니다. 저는 어떻게든 관계를 회복하고 싶은데, 아버지가 꿈쩍도 안 하세요. 어떻게 해야 관계를 회복할 수 있을까요?"

자초지종을 물어보니 아버지가 남편과의 결혼을 크게 반대했다고 합니다. 그 사람과 결혼을 하면 부모 자식의 연을 끊겠다고 말했지만 딸은 반대를 무릅쓰고 결혼을 했습니다. 딸은 결혼을 한 뒤에 아버지와의 관계를 회복하고, 결혼을 인정받기 위해 아버지에게 수차례 부탁하고 용서를 빌었지만 모두 헛수고였습니다. 이런 상황이 5년이나 지속되니 딸도 지치고 말았습니다. '이렇게 평생 안 보고 살아야 하나' 하고 고민하다가 저를 찾아온 것입니다.

"아버지에게 함께 성묘하러 가자고 권해 보면 어떨까요?"

제가 이렇게 말하자 여성분은 영문을 모르겠다는 표정을 지었습니다. 5년 동안 그렇게 찾아가 용서를 빌고 부탁을 했는데도 꿈쩍도 안하는 아버지가 성묘를 함께 가자고 한다고 풀리겠느냐는 마음이었을 것입니다. 저는 그분에게 더 이상의 말을 보태지는 않았습니다. 여성분은 밑져야 본전이라는 마음으로 아버지에게 성묘를 권해 보기로 했습니다.

"그래 볼까요? 저희 아버지가 워낙 신심이 깊으시기는 합니다."

예상대로 아버지는 거절할 구실을 찾지 못했고, 아버지, 어머니, 딸 부부 이렇게 넷이서 성묘를 하러 갔다고 합니다.

네 사람은 묵묵히 묘를 청소했습니다. 아버지는 딸 부부와 눈을 마주치기는커녕 단 한마디도 하지 않고 묘만 돌봤습니다. 그리고 성묘가 끝나자마자 몸을 돌려 앞장 서서 가려는 아버지를 보며 딸은 '역시 헛수고였구나'라고 생각했습니다. 그런데 그때 아버지가 다시 딸 부부를 향해 돌아섰습니다.

"아무쪼록 우리 딸을 잘 부탁하네."

아버지는 무뚝뚝하지만 사위에게 이렇게 말하며 처음으로 말문을 열었다고 합니다. 장인의 말을 들은 사위는 주위 시선에도 아랑곳없이 눈물을 뚝뚝 흘렸다고 합니다.

묘란 그런 장소가 아닐까 싶습니다. 가족의 유대가 끊어지지 않도록 하는 소중한 장소 말입니다.

모 앞에 서면 고인과의 옛 추억이 되살아납니다.

우리가 기억하는 그 모습으로

고인은 우리 마음속에서 계속 살아갑니다.

모란 그런 장소가 아닐까 싶습니다.

가족의 유대가 끊어지지 않도록 하는 소중한 장소 말입니다.

제5부

삶의 방식을
돌아보라

30. 만족과 불만족의 차이

자기 마음을 기쁘게 할 줄 아는 사람은
주변 사람도 기쁘게 할 줄 알며, 불만 또한 없습니다.

저희 절에는 고민거리를 가진 사람이 숱하게 찾아옵니다. 각양각색의 문제로 고민하는 분들을 보며 제가 깨달은 것은 '반드시 해결해야 하는 고민은 아주 적으며, 실은 불만을 어떻게 처리해야 할지 모르는 사람이 많다'라는 점입니다.

불만이 없으려면 우선 마음이 기뻐야 합니다. 마음속에 불만이 가득한데 어떻게 기뻐하느냐고 생각하실 수도 있지만 사실은 그렇지 않습니다.

자기 마음을 기쁘게 해야 불만이 사라집니다. 불만이 사라지면 큰 기쁨과 행복이 오리라는 생각도 모든 불만이 사라지는 것은 불가능하기에 깨질 수밖에 없는 공식입니다.

그렇다면 도대체 불만은 왜 사라지지 않을까요? 마음속에서 새로운 불만이 꼬리를 물고 나타나기 때문입니다. 불만이 하나 해소되면 얼마간 만족하다가 이윽고 또 다른 불만거리가 생기는 그런 안타까운 습성이 인간에게는 있는 듯합니다. 환경이 만족스럽지 않아서가 아니라 만족함을 모르기 때문에 불만이 생기는 것입니다.

설화 한 가지를 소개하겠습니다.

먼 옛날, 중국에 한 행각승이 살았습니다. 그는 전국 각지를 돌아다니며 수행을 쌓고 있었습니다. 아침부터 저녁 늦게까지 걷고, 밤이 되면 마을에 들러 묵을 곳을 찾았습니다. 돈이 있을 리 만무하니 대개 각 지역의 절에서 신세를 졌는데, 절이 없는 마을에서는 비와 이슬만 겨우 피한 채 노숙을 하기도 했습니다.

어느 날, 행각승은 산골짜기 마을에 도착했습니다. 해가 완전히 저물어서 당장 묵을 곳을 찾아야 했어요. 마침 지나가던 마을 사람에게 얼른 물었습니다.

"혹시 이 근처에 절이 있나요? 하룻밤 묵어 가려고 합니다."

마을 사람은 잠시 생각하고 나서 대답했습니다.

"산 위에 절이 있긴 하지만 지금은 아무도 없는 폐가나 다름없습니다. 묵기는 무리인 듯 합니다."

행각승은 괜찮다고 하며 그곳으로 가는 길을 알려달라고 부탁했지만 마을 사람은 그곳에 머무르지 않는 편이 낫다며 행각승을 말렸습니다.

"유령이 나온다는 소문이 있어요. 옛날에 살던 스님이 유령이 돼서 밤이 되면 나온다고 합니다. 그곳은 가지 않는 것이 좋습니다."

유령이 스님이라면 하룻밤 내내 말동무가 되어 주겠거니 생각하며 행각승은 마을 사람의 만류를 뿌리치고 절로 향했습니다. 도착하고 보니 천장이 반쯤 무너진 데다 바닥은 엉망진창이고, 벽까지 뻥 뚫려 바람도 막지 못했습니다. 행각승은 바닥에 드러누워 생각했습니다.

'무너진 천장으로는 고운 달빛이 들고, 사방에서 불어오는 바람은 바닥을 깨끗하게 쓸어 주는구나. 어둠을 밝혀 주는 달빛은 마치 나를 환영하는 듯하네.'

그 순간 행각승은 느긋하고 행복한 마음에 휩싸였답니다.

설화 속 행각승과 달리 '정말 지독한 곳이로군. 심지어 유령이 나올지도 모른다니, 끔찍한 절에 오고 말았어!'라고 생각하는 사람도 있습니다. 눈에 보이는 현실은 똑같건만 누군가는 끔찍하게 여기고, 누군가는 멋지다고 느끼는 것이지요.

이렇듯 현실이란 자기가 어떻게 생각하느냐에 따라 완

전히 달라집니다. 인생도 이와 같습니다. 일상생활에서 벌어지는 온갖 사건에는 모두 좋은 면과 나쁜 면이 공존합니다. 좋은 면에 주목하는 사람에게는 그 사건이 행복한 일이 되고, 나쁜 면에 주목하는 사람에게는 끔찍한 일이 됩니다.

이를테면 당신이 휴일에 가족과 함께 캠프를 가기로 했다고 가정해 봅시다. 아이들과 함께 캠프를 준비하며 그날을 손꼽아 기다렸는데, 당일 아침부터 비가 내리기 시작했습니다. 어떤 생각이 드시나요?

'망했네, 망했어. 계획대로 놀지도 못하고 비에 쫄딱 젖게 생겼군'이라고 생각한다면 캠프는 망할 수밖에 없습니다. 반대로 '비 내리는 날 가는 캠프도 나름대로 즐거울 거야'라고 생각한다면 비가 올 때만 볼 수 있는 풍경을 바라보면서 잊지 못할 즐거운 추억을 만들게 되겠지요.

실제로 비 내리는 날을 기피하는 것은 어른뿐입니다. 아이들 입장에서 보면 비 내리는 날씨보다 엄마 아빠가 비 때문에 캠프가는 것을 달가워 하지 않는 상황이 더 난처하지 않을까요? 아이가 "캠프 재미있었지요?"라고 물었는데 부모가 "비 때문에 힘들었어"라고 대꾸하면 아이의 마음속에는 무엇이 남을까요? 부모와 함께 한 캠프에 대한 기억이 아니라 엄마 아빠가 싫어한 비 밖에 기억에 남지 않을 것입니다. 만약 부모가 "비 오는 날 하는 캠프도 즐거웠지? 다음에 날씨가 맑은 날에 한 번 더 가보자. 어떤 캠프가 더 멋진지 비교해 볼까?"라고 말한다면 아이는 캠프에 대한 좋은 면에 주목할 수 있을 것입니다.

내 생각대로 일이 진행되지 않을 때 거기서 좋은 면을 얼마나 찾아낼 수 있는가가 중요합니다. 좋은 면 찾기를 잘하는 사람은 자기 마음을 기쁘게 할 줄 아는 사람입니다. 그리고 이런 사람은 주변 사람까지도 기쁘게 합니다. 자기 마음과 주변이 두루 기쁨에 둘러싸이면 불만은 어느새 사라지지 않을까요?

환경이 만족스럽지 않아서가 아니라

만족함을 모르기 때문에 불만이 생기는 것입니다.

일상생활에서 벌어지는 온갖 사건에는

모두 좋은 면과 나쁜 면이 공존합니다.

좋은 면에 주목하는 사람에게는 그 사건이 행복한 일이 되고,

나쁜 면에 주목하는 사람에게는 끔직한 일이 됩니다.

31. 당연한 것은 하나도 없다

모든 것을 당연히 여기지 않고 감사하는 것,
그것이 심플하게 사는 방법입니다.

우리는 매일 당연하게 숨을 쉬며 살고 있습니다. 너무 당연해서 호흡이 가능하다는 것에 감사함을 느끼지 못하고 삽니다. 그런데 고지대에 올라가면 산소가 희박합니다. 숨을 쉬려고 애써도 충분한 호흡을 할 수가 없습니다. 매일매일 당연하게 산소를 들이마시며 숨 쉬는 일이 얼마나 귀중한지 새삼 느끼게 됩니다.

건강도 그러합니다. 아침에 일어나서 아침밥을 먹는 일,

전철을 타고 회사에 가는 일, 쇼핑하러 외출하는 일, 친구와 잡담을 주고받는 일, 길가에 핀 꽃을 바라보는 일 등 하나같이 당연하게만 여깁니다.

당연한 일들로 이루어진 일상은 필시 행복한 조건이 충분한 것들임에도 전혀 감사함을 느끼지 못합니다. 병에 걸리거나 식사를 못 하게 되거나 전철이 멈춘다거나 걷기, 말하기, 보기 등이 불가능해지면 그제야 그것들이 감사한 일이었음을 절감합니다.

일상생활 속에 존재하는 당연한 일을 소중히 여겨 보세요. 그것이야말로 심플하게 사는 방법입니다.

저는 아침에 일어나면 '오늘이라는 하루를 무사히 맞았으니 감사하고 또 감사하다'라고 마음속으로 중얼거립니다. 과장이 아니라 진심으로 날마다 감사하고 있습니다.

인간에게는 정해진 수명이 있습니다. 불교에서는 이를 '정명(定命)'이라고 부르는데 정명이 언제 끝날지는 아무도 모릅니다. 당장 오늘일 수도, 잠든 사이일 수도 있으니 저는 제 명이 언제 다하든 받아들이겠다는 마음의 준비를 항상 합니다.

항상 죽음을 생각한다고 해서 괜한 공포심이 생기지는 않습니다. 어차피 죽을 인생이니 될 대로 되라는 심정도 아니고요. 언젠가 죽을 운명임을 알기에 살아 있는 이 순간을 더욱 소중히 여기고 싶을 따름입니다. 정성을 다해 지금에 충실하고 싶다는 마음이 솟아나지요. 즉 죽음을 생각하는 일은 지금을 살아가는 일이기도 합니다.

인간은 이 세상에 태어나 각자 주어진 시간대로 살다가 죽음을 맞이합니다. 인생을 어떻게 살 것인가? 어떻게 죽을 것인가? 생각해 보시기 바랍니다.

나에게 주어진 모든 것, 내가 누리는 모든 것은 당연한 것이 아닙니다. 당연한 것은 하나도 없습니다. 모든 것이 감사할 조건이고 귀한 것입니다. 오늘이라는 하루가 쌓이고 쌓여 인생을 만듭니다. 감사함으로 귀하게 살아가는 하루가 되시길 바랍니다.

나에게 주어진 모든 것,

내가 누리는 모든 것은 당연한 것이 아닙니다.

당연한 것은 하나도 없습니다.

모든 것이 감사할 조건이고 귀한 것입니다.

오늘이라는 하루가 쌓이고 쌓여 인생을 만듭니다.

감사함으로 귀 하게 살아가는 하루가 되시길 바랍니다.

32. 행복으로 가는 최고의 지름길

행복이란 주어지는 것이 아니라
스스로 깨닫는 것입니다.
작은 것에도 감사하는 사람에게 행복의 길이 열립니다.

"가족들을 위해 살림하느라 매일 쉬지도 못하고 힘들게 일하는데 누구 하나 고맙다는 말을 안해요. 지금까지 고맙다는 말을 한마디도 듣지 못했어요."

이렇게 하소연하는 사람이 많습니다. 상을 차리고 치우고 청소하고 빨래하고 다른 자잘한 살림까지 가사노동은 해도 해도 끝이 없건만 가족들은 그것을 일상처럼 당연하게 여깁니다. 속상할 만도 하지요. 다만 '고마워하지 않는다'라고 느끼는 마음은 피차일반일지도 모릅니다.

예를 들어 배우자가 출근하는 길에 쓰레기를 버렸을 때, 고맙다고 표현했을까요? 아이가 아침에 일어나 밥을 먹었을 때, 고맙다고 했을까요? 오늘도 온 가족이 건강하게 하루를 시작하고 무탈하게 하루를 보냈음에 감사했을까요? 당연하다고 생각했을 뿐 감사하다고 말하지 않았을 것입니다.

작은 일에 감사하기. 그것은 배우자건 자녀건 친구건 누구를 대할 때나 서로에게 필요한 일입니다. 기왕이면 본인이 먼저 "고마워"라고 말해 보면 어떨까요?

배우자가, 자녀가, 친구가 해 준 여러 가지 일에 먼저 감사를 표해 보세요. 당연하게만 느껴지던 일이 감사와 애정을 담은 일로 다가올 것입니다.

우리의 삶은 무수히 많은 당연한 일, 그러니까 무수히 많은 감사한 일로 이루어져 있습니다.

우리는 흔히 '행복해진다'라는 표현을 사용합니다. "어떻게 하면 행복해질까?", "무엇이 있어야 행복해질까?" 혹은 "누가 나를 행복하게 해 줄까?"라고 너도나도 이야기합니다. 으리으리한 집에 살기만 하면, 호화로운 저녁식사를 하고 명품옷을 입으면 행복해지리라 기대하는 사람도 있습니다. 하지만 으리으리한 집이나 호화로운 저녁식사, 멋진 옷이 곧 행복은 아닙니다.

행복은 눈에 보이지 않습니다. 우리를 행복하게 해 주는 물건은 아무 것도 없고, 우리를 행복하게 해 주는 사람도 이 세상에 존재하지 않습니다. 왜냐하면 행복이란 주어지는 것이 아니라 스스로 깨닫는 것이기 때문입니다.

누군가가 당신을 행복하게 해 주는 것이 아닙니다. 당신이 그 사람을 보며 행복을 느끼는 것입니다.

행복으로 가는 최고의 지름길은 당연한 일에 감사하는 것입니다. 작은 것에도 감사하는 사람에게 행복의 길이 열립니다.

행복은 눈에 보이지 않습니다.

우리를 행복하게 해 주는 물건은 아무 것도 없고,

우리를 행복하게 해 주는 사람도 이 세상에 존재하지 않습니다.

누군가가 당신을 행복하게 해 주는 것이 아닙니다.

당신이 그 사람을 보며 행복을 느끼는 것입니다.

33. 내가 정말 원하는 것이 무엇인가?

자신의 직감을 믿고 따르면 타인에게 현혹되지 않고
자기 인생을 살아갈 수 있습니다.

한 남성이 암에 걸렸습니다. 조속히 수술을 받아야 할
상태라고 해서 그는 지인의 소개로 국립대학병원에서 정밀
검사를 하고 외과부장에게 진찰을 받았습니다. 국립대학병
원인 데다 외과부장이라 웬만해서는 진찰을 받기 어려운 의
사인데 지인의 소개로 빠르게 검사와 진료가 진행되었습니
다.

정밀검사 결과 암이 전이가 된 상태라 최대한 빨리 수술

을 해야 한다고 해서 외과부장이 수술을 집도하기로 했습니다. 그로서는 유명한 의사가 수술을 해 준다고 하니 마음이 든든했습니다. 수술을 앞두고 그는 외과부장에게 수술이 어떻게 진행되느냐고 물었습니다.

"한쪽 어깨에서 반대쪽 허리까지 등을 비스듬하게 가르고 수술할 것입니다."

"그렇게까지 크게 갈라야 하나요?"

"큰 수술이라 등을 크게 열어야만 수술이 가능합니다."

외과부장의 설명을 들은 그는 마음이 착잡해졌습니다. 처음에는 '어쩔 수 없지'라고 생각했지만 갈수록 거부감이 들면서 불길한 예감마저 들었습니다.

'다른 방법은 없을까? 다른 의사를 찾아볼까?'

그는 이리저리 수소문을 한 끝에 어느 지방병원에 우수한 의사가 있다는 것을 알게 되었습니다. 국립대학병원 외과부장 같은 명성은 없는 의사였지만 즉시 그곳을 방문했습니다.

편안하고 너그러운 인상을 가진 의사가 그를 진찰해 주었습니다. 정밀검사 결과는 대학병원과 일치했습니다. 빨리 수술을 해야 한다는 소견을 들은 그는 두려움에 떨며 의사에게 질문했습니다.

"등을 크게 가르지 않으면 수술이 불가능한가요?"

"그럴 리가요. 크게 가르면 회복이 늦어져 되도록 작게 가르고 수술합니다. 등을 크게 가르는 방법을 쓰는 의사도 있지만 저는 아니에요. 크게 가르지 않아도 수술은 완벽하게 진행할 테니 안심하십시오."

의사의 대답에 그는 가슴을 쓸어내렸습니다.

'아, 이 사람에게 맡기자. 이제 안심하고 수술을 받을 수 있겠어.'

수술은 딱 열 바늘을 꿰매는 정도로 끝났고, 그는 열흘 뒤에 퇴원해도 될 만큼 건강을 회복했습니다. 알고 보니 그를 수술한 의사는 이 분야에서 '신의 손'이라 불리는 의사였다고 합니다.

대학병원 의사를 비난하려는 의도는 전혀 없습니다. 그와 동일한 수술 방식을 취하는 의사도 분명 많으리라 생각합니다.

제가 하고 싶은 말은 "남의 평가나 높은 명성을 맹신하기보다 자기 자신의 직감을 믿는 편이 낫다"라는 것입니다. 직감에는 아무런 근거가 없으므로 비과학적이라고 말하는 사람도 있겠지만 자기 마음의 목소리에 귀를 기울이는 일은 대단히 중요합니다. 직감이란 그 사람이 살면서 겪은 경험에 뿌리를 둔 감각입니다. 다양한 사람들과 접촉하며 쌓은 수많은 경험에서 얻은 감각이지요. 자기 마음속에 보이지 않게 축적된 자기만의 정보라고나 할까요? 요컨대 직감을 따른다는 말은 스스로를 믿는다는 말과 같습니다.

지금 당신의 눈앞에 A라는 길과 B라는 길이 있다고 가정해 봅시다. 다른 사람들은 대부분 A를 선택하여 걸어갑니다. 주위에서도 다들 A를 추천하는데, 당신은 아무래도 그 길이 꺼림직합니다. 어떻게 하시겠습니까? 저라면 망설임 없이 B를 선택합니다. 그 순간의 직감을 따라서요.

우리는 언제나 어느 쪽을 선택하며 인생길을 걸어갑니다. 인생길에는 정답이 없습니다. 굳이 정답을 말하라면 자기가 선택한 길이 정답입니다. 자신의 직감으로 고른 길, 자기 마음을 따라 솔직하게 걸어간 길, 그 길이 정도입니다.

만일 그 길의 중간에 역경이 도사리고 있을지라도 스스로 선택한 길이라면 그것을 딛고 나아갈 수 있습니다. 반면 남의 의견이나 평가를 따라 선택한 길에서 역경을 만난다면 '이게 뭐람! 역시 다른 길로 갔어야 했어!'라거나 '나는 저쪽으로 가고 싶었는데 괜히 저 사람 충고를 들어서…'라는 식으로 남 탓을 하고 후회하게 됩니다. 그리고 역경을 이겨낼 생각보다는 불만만 늘어놓게 됩니다.

계속 남을 따라가는 사람은 자기 인생을 살아가지 못합니다. 자기 마음이 아닌 다른 누군가를 인생의 나침반으로 삼기 때문입니다.

'수급불류월(水急不流月)'이라는 말이 있습니다. 물이 아무리 급히 흘러도 수면에 비친 달은 흘러가지 않는다는 뜻으로 급히 흐르는 물은 세상의 풍파를, 수면에 비친 달은 개인의 마음을 상징합니다. 세파에 휩쓸리지 않고 살아가는 줏대의 중요성을 알려주는 말이지요.

자꾸 망설임이 들 때는 자기 마음에 초점을 맞추세요.

'나는 어떻게 하고 싶은가? 내가 정말 원하는 것이 무엇인가?'

심플하게 딱 그것만 생각하면 마음속에 있는 직감이 지혜를 줄 것입니다. 그 직감을 믿고 길을 선택하십시오.

"남의 평가나 높은 명성을 맹신하기보다

자기 자신의 직감을 믿는 편이 낫다."

직감을 따른다는 말은

스스로를 믿는다는 말과 같습니다.

계속 남을 따라가는 사람은 자기 인생을 살아가지 못합니다.

자꾸 망설임이 들 때는 자기 마음에 초점을 맞추세요.

34. 스스로를 인정하고 칭찬하라

자기가 좋아하는 일을 합시다.
최고가 되지 못해도 성심성의껏 노력한 자신을
칭찬해 주세요.

"제가 하고 싶은 일을 못 찾겠습니다."

"저에게는 어떤 일이 잘 맞는지 모르겠어요."

저는 대학교에서 교편을 잡고 있기도 한데, 학교에 가면 고민을 가진 학생들이 가끔 찾아옵니다. 상담을 요청하는 학생들에게 제가 건네는 조언은 딱 한마디입니다.

"자네가 진심으로 좋아하는 일을 하게나."

자기가 하고 싶다고 생각하는 일 하기. 더없이 심플하지요. 그런데 "좋아하는 일만 하면서 살자"라는 말을 오해하는 사람이 더러 있습니다. "어쨌든 즐겁게만 살면 돼!", "내 마음대로 할 거야"라는 뜻이 아닙니다.

좋아하는 일을 하라는 제 말은 "좋아한다고 느끼는 일을 필사적으로 하세요. 노력을 아끼지 말고 몰두하세요"라는 의미입니다. 노력해 보기 전에는 자기가 어떤 일을 좋아하는지 혹은 좋아하지 않는지 알 길이 없습니다. 그러므로 죽기살기로 노력해서 자신이 무엇을 좋아하는지 찾아야 합니다.

사람에게는 각기 잘하고 못하는 분야가 있습니다. 아무리 야구를 좋아해도 모두가 프로 야구선수로 데뷔하지는 못합니다. 전통 공예품 제작을 업으로 삼고 싶어도 손끝이 무딘 사람이라면 그 분야에서 일류가 되기는 어렵겠지요.

이처럼 좋아하지만 자신의 능력을 넘어서는 일도 있습니다. 하지만 사람은 누구나 가능성과 잠재력을 가진 존재이기에 설령 소질이 없는 분야일지라도 꾸준히 노력하면

70% 정도는 성취할 수 있습니다. 성심성의껏 공을 들이면 어떤 분야에서나 70%까지는 해낼 수 있어요. 다만 어떻게 애를 쓰든 소질이 없는 분야에서 90% 이상의 성과를 올리기란 불가능에 가깝습니다. 하지만 100%가 아니면 어떻습니까?

긴 인생에서 일이라는 것을 생각하면 저는 등산이 떠오릅니다. 모든 등산객이 산꼭대기까지 오르지는 않습니다. 산의 허리에서 멈추는 사람이 있는가 하면, 어깨까지 올라가는 사람도 있고, 일찌감치 꼭대기에 도착하는 사람도 있습니다.

지금 사회에는 산꼭대기에 오른 사람만 높이 평가하는 풍조가 팽배합니다. 어깨까지만 올랐다 할지라도 최선을 다해 올라갔다면 칭찬받아 마땅한데 말입니다.

결과가 인생의 전부는 아닙니다. 인생이란 기나긴 인생길을 걸어가는 과정 그 자체입니다. 정상에 올라섰느냐가 아니라 어떤 노력을 기울여 그곳까지 도달했느냐가 중요합니다.

열심히 노력했고 스스로 만족한다면 굳이 정상에 오르

지 않아도 행복합니다. '그냥 자기만족 아닌가?'라고 떨떠름하게 생각하는 사람도 있겠습니다만 자기만족은 좋은 일 아닌가요? 진심을 다해 노력한 자기 자신에게 만족한다는 것은 더할 나위 없이 근사한 일이라고 생각합니다.

남이 알아주기만을 바라지 말고 스스로 인정해 줍시다. 남의 평가에 연연해 하지 말고 스스로를 인정할 줄 알면 어떤 일이든 좋아지게 마련입니다.

만약 자기가 어떤 일에 기울인 노력을 칭찬할 수 있다면 그 일은 자기가 좋아하는 일입니다. 좋아하니까 노력도 하게 되고, 노력할 만큼 좋아한다는 뜻일 테니까요.

결과가 인생의 전부는 아닙니다.

열심히 노력했고 스스로 만족한다면

굳이 정상에 오르지 않아도 행복합니다.

진심을 다해 노력한 자기 자신에게 만족한다는 것은

더할 나위 없이 근사한 일이라고 생각합니다.

남이 알아주기만을 바라지 말고 스스로 인정해 줍시다.

35. 천직이란 발견하는 것

천직은 주어지는 것이 아니라 발견하는 것입니다.
지금 서 있는 자리에서 최선을 다하여
천직으로 삼으십시오.

'천직'이라는 단어가 있습니다. '나는 이 일을 하려고 태어났다고 생각되는 직업'을 일컫는 말이지요.

천직을 우연히 발견하는 사람은 극히 드뭅니다. 실제로는 자기가 잘한다고 느끼는 일에 매진하는 과정에서 그 일을 천직으로 삼는 경우가 대부분이지요. 결국 천직이란 주어지는 것이 아니라 자기 힘으로 발견하는 것입니다.

'지금 하는 일은 영 마음에 안 들어'라고 생각하는 사람이 천직을 찾아 전직을 반복한들 과연 천직을 만날 수 있을까요?

업종을 막론하고 1~2년 만에 일의 본질을 이해하는 사람은 별로 없습니다. 본질을 모르는 동안에는 그 일의 재미와 가치도 모를 수밖에 없어요. 최소한 3년은 열심히 해 보시기 바랍니다. '일이 나하고 안 맞나? 당최 좋아지지가 않네'라는 생각이 들어도 일단 3년은 지속해 보세요. 나중에 전직을 하더라도 그 3년은 틀림없이 도움이 될 것입니다.

인생에는 일이 잘 풀리지 않는 시기가 있습니다. 지금 하는 일이 자기와 맞지 않다거나 지금 다니는 회사가 좋지 않다고 느낄 때도 있습니다. 그래서 다른 일을 찾거나 다른 회사를 찾아 나서기도 하지만 사실 완벽한 일, 완벽한 회사란 어디에도 존재하지 않습니다. 새로운 일, 새로운 회사를 찾을 게 아니라 지금 자기가 하고 있는 일에 전념하고, 다니는 회사를 좋은 곳으로 만들어야 합니다.

'인간도처유청산(人間到處有靑山)'이라는 말이 있습니다. 인간이 뼈를 묻을 곳은 이 세상 어디에나 있다는 뜻으로 고향을 떠나 넓은 세상으로 나아가 큰 뜻을 펼치라는 의미입니다. 사람은 어느 곳에서 무엇을 하든 살아갈 수 있음을 비유적으로 이르는 말로 저는 이 말을 사람은 어디에서나 일할 수 있다고 해석하고 싶습니다.

천직을 찾아 헤매기 보다는 지금 몸담은 일을 천직으로 만들면 어떨까요? 일이 마음에 들지 않는다면 들게 할 방법을, 일이 맞지 않는다면 적응할 방법을 찾아봅시다. 어디에서 무슨 일을 하건 만사는 자기가 어떻게 하느냐에 달렸습니다.

지금 서 있는 자리에서 최선을 다해야 합니다. '지금 이 자리는 내가 얼마든지 바꿀 수 있다'라는 생각이 들 때, 비로소 천직에 다가서게 됩니다.

천직을 찾아 헤매기 보다는

지금 몸담은 일을 천직으로 만들면 어떨까요?

어디에서 무슨 일을 하건

만사는 자기가 어떻게 하느냐에 달렸습니다.

지금 서 있는 자리에서 최선을 다해야 합니다.

36. 일상의 귀중함을 깨닫는 것

매일 단조로운 일상이 반복될지라도 똑같은 날은
단 하루도 없습니다.
별일 없는 일상이 가장 소중합니다.

우리네 인생에는 좋은 날과 여느 날이 있습니다. '좋은
날'이란 여행을 떠난다거나 가족끼리 외식을 하는 등 일상
에서 벗어난 특별한 날을 가리킵니다. '여느 날'은 말 그대
로 일상입니다. 평범하게 흘러가는 하루하루를 가리켜 여
느 날이라고 부르지요.

우리는 좋은 날을 추구하며 살아갑니다. 짜릿한 기쁨과
즐거움이야말로 중요한 가치이며, 그것을 즐기는 일이 행

복이라 여깁니다. 하지만 그 좋은 날이 오래오래 이어지는 경우는 결코 없습니다.

이를테면 1년에 한두 번쯤 떠나는 여행은 대개 좋은 날이 됩니다. 그렇지만 열 번이고 스무 번이고 계속 여행을 떠나면 더 이상 특별하게 느껴지지 않습니다. 여행마저 일상화되기 때문입니다.

선승들은 1년 내내 거의 똑같은 생활을 합니다. 저는 매일 아침 4시에 일어나 덧문과 문을 하나하나 열면서 절을 순회합니다. 절의 경내를 쭉 돌아보며 참배도 드리고, 경내를 청소하고, 불당에 계신 모든 부처님께 차를 올립니다. 그 후 짧은 시간이나마 좌선을 한 다음 아침 독경을 시작하지요.

이와 별반 다르지 않은 일상이 매일매일 반복되지만 저는 지겹지 않습니다. 정해진 작업을 하나하나 신중하게, 정성껏 행하는 일이야말로 수행의 본질인 까닭입니다.

게다가 매일 똑같이 반복하는 듯 보여도 하루하루 차이가 있습니다. 아침 독경만 해도 어제와 오늘이 다르거든요. 불경 자체는 동일하고, 불경을 낭독하는 모습 또한 주변 사람들 눈에는 똑같아 보이겠지만 제가 느끼기에는 날마다 새롭습니다. 목소리도 그날그날 달라서 아침 첫 목소리가 좋으면 '오늘은 컨디션이 좋구나'라고 생각하고, 반대라면 '오늘은 컨디션이 좀 저조하니 조심하자'라고 마음을 가다듬습니다.

덧붙이자면 독경 솜씨도 10년, 20년 전보다는 다소 늘었답니다. 시나브로 성장하고 있는 것이지요. 이것은 누구나 마찬가지입니다. 우리는 매일 똑같은 일을 반복하는 사이에 성장하고 또 변화합니다. 반복되는 일상 속에는 '다른 나'가 존재할 수밖에 없습니다.

'안한무사(安閑無事)'라는 말이 있습니다. 글자 그대로 편안하고 한가로운 상태를 의미하지요. 즉 아무런 걱정 없이 평온하게 흘러가는 나날이야말로 행복한 나날이라는 가르침입니다.

살다 보면 매일매일 똑같은 일을 반복하는데 그것에 질려서 '이런 생활은 이제 지겨워! 더 짜릿하고 가슴 설레는 일이 분명 어딘가에 있을 텐데…'라고 생각하기도 합니다. 그러나 짜릿한 일상이란 환상에 지나지 않습니다. 가슴 설레는 하루는 매일 이어지는 '여느 날'이 있기에 존재합니다.

단조로운 일상을 시시해 하거나 지겨워하지 말고 '오늘도 어제처럼 무사히 지나갔구나!'라고 생각해 보세요. 평안한 하루에 감사하며 눈앞의 할 일을 해내는 날이 365일간 지속되면 안한무사한 1년을 보냈다는 뜻입니다.

당황하거나 서두르지 않고 마음을 다해 살아가는 기쁨은 무탈한 일상에서밖에 느끼지 못합니다. 별일 없이 꾸준히 되풀이되는 일상의 귀중함을 깨닫는 것, 그것이 행복하게 사는 방법이 아닐까요? 그것이 심플하고도 정중한 삶의 방식 아닐까요?

매일 똑같이 반복하는 듯 보여도 하루하루 차이가 있습니다.

별일 없이 꾸준히 되풀이되는 일상의 귀중함을 깨닫는 것,

그것이 행복하게 사는 방법이 아닐까요?

그것이 심플하고도 정중한 삶의 방식 아닐까요?

37. 인생을 개척하는 사람

 주체적으로 사는 사람은 고민을 그냥 내버려 두거나
남의 탓으로 돌리지 않습니다. 스스로 해결하면서
자연스럽게 다른 사람에게도 도움이 됩니다.

세상에는 정보가 넘쳐납니다. SNS와 각종 매체를 통해
밀려드는 정보의 양이 워낙 많아서 다 소화하기가 불가능할
정도입니다.

"나는 이렇게 살고 있다", "다가오는 시대에는 모두가
이런 방식으로 살아야 한다" 등 갖가지 목소리가 사방팔방
에서 흘러나오면 '나하고는 상관없는 일이지' 싶다가도 때
때로 자신이 부정당하는 듯한 느낌을 받곤 합니다.

예를 들면 "현시대의 여성은 30세에 결혼하여 32세에 첫아이를 출산한 뒤 6개월의 육아휴직을 거쳐 직장에 복귀한다"라는 식의 이른바 '평균치'가 제시되고, 이것이 현대 여성의 이상적인 인생인 양 보도됩니다. 실제 인생은 정해진 순서대로 진행되는 보드게임이 아니건만 말입니다.

제가 아는 한 여성은 대학교를 졸업하고 3년가량 회사에 다니다가 26세에 결혼했습니다. 결혼 후 얼마 지나지 않아 자식을 셋 낳았고, 현재는 전업주부로 지내고 있으며 40대가 되었지요.

이분은 예전부터 결혼하면 일을 그만두고 가정에 전념할 계획이었고 그 계획대로 살고 있지만 이런저런 정보를 접할 때마다 사회에서 뒤처진 기분이 든다고 했습니다. 친구들에게 "넌 언제 복직할 거야?", "집에서 살림만 하는 생활이라니, 난 죽어도 못 해", "일로 스트레스 안 받아서 좋겠다"라는 말을 들으면 왠지 자기의 생활이 잘못된 것 같고 때로는 스스로가 초라하고 한심하게 느껴진다고 했습니다.

이것은 비단 이분에게만 국한된 이야기가 아닙니다. 아

직 결혼 상대자를 만나지 못해 고민인 청년이 있을지 모르고, 직장생활에는 만족하나 아이가 생기지 않아 병원에 다니며 치료중인 기혼자가 있을지 모릅니다.

사람은 누구나 무언가를 고민합니다. 무언가를 부정하는 논조의 보도들이 세상에 범람하는 까닭입니다. 일을 해야 한다느니 말아야 한다느니, 아이가 있어야 한다느니 없어야 한다느니, 경력이 너무 많다느니 적다느니 하는 세상의 기준에 자기 상황을 맞추지 마세요. 그런 말에는 신경 쓸 필요도 없습니다. 인생은 평균적인 삶을 그대로 따라가지 않습니다.

중요한 것은 '스스로 선택하고, 그것에 기쁨을 느끼는가'입니다. 무엇을 이루고 싶은지, 어떻게 살고 싶은지를 생각하세요. 삶을 주체적으로 대하는 태도가 무엇보다 중요합니다.

결혼을 하고 싶지만 하지 못해서 고민스럽다면 먼저 자기가 왜 결혼을 하고 싶은지, 왜 아직 독신인지 곰곰이 생각해 보세요. 미처 깨닫지 못하던 돌파구가 보일지도 모릅니다. 아이가 생기지 않아 걱정되는 사람은 같은 처지에 놓인 사람을 찾아보면 어떨까요? 공감을 통해 또 다른 길을 발견하게 될지도 모를 일입니다. 다시 일하고 싶은데 아이를 맡길 보육시설이 없는 경우에는 직접 보육시설을 차리는 것도 불가능하지만은 않겠지요.

주체적으로 사는 사람은 인생을 개척하는 사람이라고도 할 수 있습니다. 주변 사람의 견해나 지식, 세상의 목소리를 들어야 할 상황도 물론 존재합니다. 하지만 그들의 조언보다도 '내가 어떻게 살 것인가'라는 생각이 먼저 전제되어야 합니다. 내가 어떻게 살 것인지부터 생각하면 고민하던 일이 오히려 다른 길을 찾게 되는 좋은 기회가 되기도 합니다.

본디 일이란 누군가의 고민이나 누군가에게 불편한 상황을 해결하는 활동입니다.

일본의 유명 이삿짐센터인 〈아트 이사센터〉를 설립한 데라다 씨 부부는 예전에 여러 차례 이사를 다녔다고 합니다. 이사를 할 때마다 일이 어찌나 번거로운지 '이사에 드는 수고를 줄여 보자!' 하고 회사를 차린 것이 대성공을 거두었지요.

이 밖에도 청소며 세탁 등 가사노동을 보조하는 가전제품 중에는 가사노동의 고통과 불편함을 해결하기 위해 만들어진 물건이 적지 않습니다.

'그런 건 특별한 사람이나 가능하지!'라고 남의 일로 여기기 쉽지만 실은 마음먹기에 따라 누구나 가능한 일입니다. 자신의 고민이 많은 사람에게 유용하겠다는 생각이 든다면 용기를 내서 한 걸음 내딛어 보세요. 주체적으로 사는 사람은 고민을 그냥 내버려 두거나 남의 탓으로 돌리지 않습니다. 스스로 해결하면서 자연스럽게 다른 사람에게도 도움을 줍니다.

직접 해결하려는 마음 없이 사사건건 회사만 탓하거나 사회에 불만을 터뜨리면서 누가 어떻게 해 주기만 바라면 고민이 해소되기는커녕 자신의 귀한 능력이 아깝게 묻혀 버릴지 모릅니다. 항상 무언가를 남이 대신 해 준다면 인생을 남에게 위임했다고 봐도 무방하지 않을까요?

사람은 주체적으로 살아갈 때 인생의 참된 기쁨을 맛볼 수 있습니다.

주체적으로 사는 사람은 인생을 개척하는 사람입니다.

'내가 어떻게 살 것인지'부터 생각하면 고민하던 일이

오히려 다른 길을 찾게 되는 좋은 기회가 되기도 합니다.

사람은 주체적으로 살아갈 때

인생의 참된 기쁨을 맛볼 수 있습니다.

| # 진짜 행복이 무엇일까?

호세 무히카는 우루과이의 제40대 대통령입니다. 그는 가난한 가정에서 태어나 어린 시절부터 가축을 돌보거나 꽃을 팔러 다니며 생계를 도왔다고 합니다. 그는 이런 경험을 통해 무엇을 보고, 무엇을 배웠을까요? 아마 '인간에게 있어 행복이란 무엇인가?'를 부단히 고찰하지 않았을까 싶습니다. 그리고 인간을 행복하게 하는 것은 물질적 풍요나 물건의 개수가 아니라는 사실을 깨달았을 테지요.

그는 대통령으로 취임하고 나서도 신용카드를 만들기는 커녕 은행 계좌조차 개설하지 않았습니다. 당시 우루과이 대통령의 월급은 약 1,200만 원이었는데, 월급의 90%를 사회복지기금으로 기부했다고 합니다. 그가 소유한 자산은 180만 원 상당의 1987년형 폭스바겐 비틀이 전부였습니다.

심지어 그는 정부에서 마련해 준 훌륭한 관저에도 들어가지 않았습니다. 교외의 농장에서 생활하며 공무 틈틈이 밭일과 양계에 힘썼다고 합니다. 사정이 이러하니 주변에서 그를 가난하게 여긴 모양이지만 제가 바라본 무히카 대통령은 소박한 생활에서 참된 행복을 발견하는 사람일 따름입니다.

이 무히카 대통령이 유명해진 계기가 있습니다. 2012년 6월에 개최된 리우회의(국제연합환경개발회의)에서 그가 한 연설 때문입니다.

리우회의는 환경보전과 경제개발의 양립방안을 모색하고자 선진국이 주체가 되어 논의를 전개한 자리였습니다.

한마디로 '지속 가능한 개발'이 회의 주제였지요. "개발도상국은 선진국과 같이 지구의 환경을 지키면서 개발을 진행해야 한다"라고 소리 높여 주장하는 선진국의 대표들이 많은 사람의 이목을 끌었습니다.

무히카 대통령은 회의 마지막에 연단에 올랐습니다. 남미에서 온 작은 나라의 대통령. 그가 하는 연설은 들을 필요가 없다며 각국의 대표들이 회의장을 떠났습니다. 그 때 무히카 대통령은 다음과 같이 소리를 높였습니다.

"우리는 지금까지 이 자리에서 지속 가능한 발전과 세계의 빈곤을 없애는 문제에 대해 논의했습니다. 그런데 부유한 국가들의 발전과 소비 모델을 흉내 내라니요. 저는 여러분에게 묻고 싶습니다. 독일인 가정에서 보유한 자동차와 같은 숫자의 자동차를 인도인이 가진다면 우리가 사는 지구는 어떻게 될까요?"

횅한 회의장에 무히카 대통령의 목소리가 울려 퍼졌습니다. 그곳에 남아 있는 사람은 적었으나 카메라가 그의 연설을 담았습니다. 무히카 대통령은 세계를 향해 강렬한 질문을 던졌습니다.

"물질적 풍요만이 우리의 행복입니까? 지속 가능한 개발만이 인간에게 행복을 줄까요?"

이윽고 세계인의 마음을 울린 한마디가 터져 나왔습니다.

"빈곤한 사람이란 물건을 적게 가진 사람이 아닙니다. 욕망이 무한하고, 아무리 많이 가져도 만족하지 못하는 사람입니다."

이 말이 전 세계 사람들의 마음을 울린 이유는 무엇일까요? 너무나도 심플하고 본질적인 행복을 드러냈기 때문이 아닐까요?

저 역시 이 연설을 듣고 감동을 받았습니다. 하지만 제가 이 연설보다 더 감동한 것은 세계인이 무히카 대통령의 연설에 마음을 빼앗겼다는 사실입니다.

어떻게 무히카 대통령의 연설이 세계인의 마음을 울렸을까요? 필시 많은 사람의 마음속에 '경제적인 풍요만이 인간의 행복은 아니다, 인간에게는 더 소중한 무언가가 있다'라는 생각이 내재하고 있기 때문이 아닐까요?

거리마다 집집마다 물건이 넘쳐나고, 거리낌 없는 욕망이 소용돌이치고 있지 않습니까? 소용돌이에 휘말린 채 마음 한편으로 고민하는 사람도 많으리라 생각합니다. '정말 이게 행복일까? 무언가를 소유하는 것이 행복일까?' 하고요.

만약 그런 질문과 갈등이 조금이라도 마음속에 있다면 현재의 생활방식을 꼭 돌아봐야 합니다. 나아가 자기 자신에게 솔직하게 물어보세요. 진짜 행복이란 무엇인지 말입니다. 쓸데없는 물건을 싹 정리하고, 무엇이 행복인지 심플하게 생각해 보시기 바랍니다.

자신에게 주어진 사명을 착실히 수행하면서 목숨이 다

하는 그날까지 열심히 사는 것. 심플하게 생각하면 인생이란 그저 그뿐인 일입니다.

이 책이 진정한 행복으로 향하는 길의 길잡이가 되기를 기원합니다.

마흔이면 불혹인 줄 알았어

초판 1쇄 인쇄 · 2019년 8월 19일
초판 1쇄 발행 · 2019년 8월 27일

지은이 · 마스노 슌묘
옮긴이 · 이해란
펴낸이 · 이종문(李從聞)
펴낸곳 · 국일미디어

등록 · 제406-2005-000025호
주소 · 경기도 파주시 광인사길 121 파주출판문화정보산업단지(문발동)
　　　서울시 중구 장충단로8가길 2(장충동1가, 2층)
영업부 · Tel 031)955-6050 | Fax 031)955-6051
편집부 · Tel 031)955-6070 | Fax 031)955-6071

평생전화번호 · 0502-237-9101~3

홈페이지 · www.ekugil.com
블로그 · blog.naver.com/kugilmedia
페이스북 · www.facebook.com/kugillife
E-mail · kugil@ekugil.com

• 값은 표지 뒷면에 표기되어 있습니다.
• 잘못된 책은 바꾸어 드립니다.

ISBN 978-89-7425-656-2(13190)